愛與寬容

從流亡學生到外交特任官

劉瑛——著

一九七六年，擔任駐美大使館一等秘書的仉家彪（中），陪美國國會議員拜會行政院蔣經國院長。

一九七八年四月，美參議員高華德訪華，最右為楊榮藻大使。

一九八〇年代在台北酒店中，仉家彪與國貿局蕭萬長局長合影。

一九九〇年九月七日，總統府發言人邱進益主持第一次新聞記者會，左為焦仁和，右為郭岱君。

作者晉見賴索托國王莫削削。

作者晉見史瓦濟蘭國王索布胡沙。

作者任駐泰代表時與夫人乘坐直升機訪問泰北。

作者與黃少谷部長合影。

章次長孝嚴（左一）訪泰，作者（右一）安排在寓所晚宴，右二為泰外交部長阿舍・沙拉信。

外交部長章孝嚴先生（中）應邀訪問約旦接受榮譽博士學位。

作者晉見連副總統永平博士。

李登輝總統訪問約旦，左起一為徐大衛、三為張萬隆、四為李總統。右一為阿不都拉親王，現任約旦國王。

張萬陸陪同作者晉見約旦王儲哈珊親王。

邱進益大使。

右起葉家梧、潘明志、劉瑛、邱久炎。

右起曾奕民、柯士勇、詹秀穎、林金雄、劉瑛，最後一人為錢剛鐔。

小說組同學聚餐，前排右二起：李辰冬夫人、李辰冬、趙友培、趙夫人。

小說組同學，右起羅德湛、王鼎鈞、吳引漱、劉瑛、施魯生。

序

小時在自家家塾中讀《論語》，教書的前清秀才陳老夫子常說：「據說宋代的宰相趙普以半部論語治天下，說得太誇張了。治理一個國家，哪用得到半部論語？太小看孔子了！治國、齊家，只要一個字。那就是孔子所說的『仁』。」

「仁」是什麼？「仁」就是人與人相處的最大道理。

讀大學時，教中國政治思想史的盛成教授說：「晉代李密的〈陳情表〉中說：『伏維聖朝，以孝治天下。』孝就是『仁』。」

退休後，我曾把《論語》細讀了好多遍。我以自己的見解，寫了《論語新探》一書。（此書後來出版社更名為《論語的故事》。）《論語》中孔子對曾子說：「吾道一以貫之。」其他門弟子不解。問曾子。曾子說：「夫子之道，忠、恕而已矣。」（〈里仁篇〉）忠便是愛。愛君、愛國、愛家、愛人。由孝而生。

恕便是寬容。忠與恕、便是孔子所說的「仁」。

今人馮友蘭先生在美國耶魯大學出版的*Ideological Differences And World Order*一書中有一篇題名〈中國傳統社會的哲學基礎〉的論文，他認為傳統中國社會的基礎乃是一個「孝」字。他列舉《禮記．祭義》中曾子所說的話為證。曾子說：

> 身也者，父母之遺體，敢不敬乎？居處不莊，非孝也。事君不忠，非孝也。朋友不信，非孝也。戰陣無勇，非孝也。五者不遂，災及於親，敢不敬乎？」

所以，我們認為：敬、莊、忠、信、勇五者，都植根於孝。孔子所說的「一以貫之」，便是以孝為根。發展出人與人相處之道。好譬桃樹，有根、有幹、有枝、有葉、有花、有果。合在一起便是桃樹。以孝為根，而後衍生出忠、恕、勇、莊、敬、誠、信等。這些美德便是幹、枝、葉、花、果。合在一起便是「仁」。

韓國瑜先生競選高雄市市長，提出「愛與包容」的口號。真了不起，真佩服他。他把孔子修身、齊家、治國的「忠、恕之道」，只用「愛與包容」四個字，便解釋得十分平實、清楚。人人能懂。「愛」和「忠」都是由「孝」而來。寬容，實際上便是「己所勿欲，勿施於人」的意思。也就是夫子的「恕」。

從小，陳老夫子教我這些做人的道理。我頗能了解。我小時候很會背書，腦筋不很好，記憶力卻超強。熟背詩書，經常得到大人們的稱讚。父親聰明過人，算術尤其好。記得那些叔叔伯伯、伯母、嬸母等來我們家打麻將，總是輸給父親。玩天九牌，若是三個人或四個人聯合作莊，贏了錢，要分，都是請教父親。父親不用算盤，按各人所出的本錢多少，為他們分配得清清楚楚。我佩服得不得了。但他老人家從不以為了不起。我能背書，我小時讀的古文、唐詩、宋詞，至今都能背。而且背得滾瓜爛熟。父親常告誡我：「千萬不要認為自己聰明，世上比你聰明的人多得不得了。孔夫子說：『三人行，必有吾師。』因為，人各有所長，會背書的不見得會寫字，精於作文的可能拙於算術。將來到社會上，我們要容忍別人的短處，欣賞別人的長處！」

懷著滿懷的感恩，帶著這些教訓，我十六歲離家獨立。由福建邵武，而南京湯山，再至廣州，最後隻身來到台灣，跌跌撞撞，由流亡學生，半工半讀唸大學，考進外交部工作。有恩師的指導，良友的扶持，長官的拉拔，從小科員作起，雖然也經過些風浪，而在另一半的不離不棄的照顧之下，終於熬了過來。而我這一生所深信不疑的，便是「忠」、「恕」這兩個字。也就是「愛與寬容」。

所以，我把我九十年的經歷，簡略寫出來，詮釋忠恕之道。並盼讀者批評、指教或參考。

目次

第一部　愛

壹、無愛不成師

一、前言

老友鄭貞銘教授送給我一本他的大作：《無愛不成師》。寫得非常好，單是書名，便讓我心折。

貞銘兄另一書《百年大師》中所提到的報人張季鸞先生，貞銘認為張季鸞：「布衣而為天下師。」季鸞先生最注重報恩。他曾說：

我的人生觀很迂淺的。簡言之：可稱為報恩主義。就是報親恩，報國恩，報一切恩。我以為，如此立志，一切只有責任問題，無權利問題。心安理得，省多少煩惱。

近人馬雲說：「你的生活若以感恩為中心，你會活得很善良。」兩人的話不謀而合，說得真好。

我十分崇拜感恩主義。我們常說：「飲水思源。」又說：「受人點水之恩，當報之湧泉。」

這些話都是有根可尋的。這些話，這種想法，都是來自孔夫子的《論語》「忠、恕之道。」報親恩就是「孝」，報國恩就是「忠」，報一切恩。常言說：「一夜夫妻百夜恩，百夜夫妻海樣深。」夫妻之「恩」是相對的。要報恩，就是「相愛」。

我國自古尊重「天、地、君、親、師。」貞銘兄在他的「無愛不成師」書中，既對他的恩師們的愛表示感激，他也同樣充滿了愛心，教他的學生。在父親母親之後，我最要感謝的，也是恩師。

二、陳老夫子

我六歲啟蒙，在自家的書塾中讀了三年才進小學。

啟蒙先生陳老夫子，他當時已年逾花甲，是前清秀才。由於我離家早，甚至連他老人家的名字都不記得。

他教我《三字經》、《龍文鞭影》、《幼學瓊林》和《論語》。

他只要我背，不講解。

但他完全是老爺爺對小孫子的態度教我，從不說一句重話，更不要說打、罵了。

直至如今，我還記得他的樣子。只是名字，我們從小只叫他「先生」，長大後也沒問過大人。到後來，我隻身來台，要問也無處問。但我永遠懷念他，他是我第一位恩師。

三、傅賓門老師

我上私立洪都中學初中一年級時，國文老師傅賓門先生，是南城——抗戰初期南昌淪陷，洪都已遷到南城縣了——日報的副刊編輯。他鼓勵同學創作，把故事寫成「小說」。他說：「不怕胡說，只怕無說。多讀多寫，文筆自然會日益通順。」

我的第一篇作文在南城日報「兒童園地」中刊出，得到父親的獎賞，大表姐饒用湛的讚美，奠定了我立志要在文學創作上努力的信念。

傅老師清癯、卻兩眼有神，口才好，講書十分清楚，人人能懂。我讀大學能靠爬格子賺生活費，實拜他所賜。

四、楊民皓教授和虞汝昌教授

民國三十八年我單身來台，考取了台大政治系。由於舉目無親，吃住都成問題，經往見昔日學醫時的教官，並曾在我任職首都陸海空軍總醫院時的副院長，當時是第一總醫院的院長楊文達博士。他批准我到一總作夜班護理工作，才得到解決。

夜班護理，工作時間是晚間十一點至次晨七點。下班之後，我可以立即騎腳踏車由廣州街——當時一總院在廣州街——穿過植物園，到羅斯福路台大上學。

記得大一時的課程，每日英文兩小時，總是排在八點鐘開始。台大的規矩：一年級同學英文課分組，ＡＢＣ三組係外文系同學，其他院系同學，依照入學考試的成績，依次分入Ｄ、Ｅ、Ｆ及以後各組。我原應分在Ｄ組，但教務處公佈的名單中，竟把我的名字排漏了，D組教授俞大綵女士，十分嚴格，而且每堂課都要點名。

通常大夜班，次晨七點交接。立即騎自行車去上學，時間足夠。但白班護理長劉俊，衛訓所高護班出身，她經常遲到，甚至達二三十分鐘之久！再一辦交接，我便沒法趕上八點鐘的英文課了！不得已，我改到F組上課。教課文的是虞汝昌教授，教文法的是楊民皓教授，我把我的苦處向他們報告，希望他們兩位能原諒我可能經常遲到。但我一定靜悄悄的從後座進教室，不會打擾到別的同學。真感謝兩位老師，都答應不追究。學期終了，教務處發覺我不在D組上課，把我叫去問話。我說：「分組名單中沒有我的名字。我一直在F組上課，成績都在F組，只好如此了。」說起來，倒是他們的不是。

楊教授後來作了很多次大專聯考的「闈長」，名氣很大。只是我在國外幾任，待了二十八個年頭，離校後和他們失了連絡。每想起他們的恩惠，永世難忘。

五、薩孟武先生和李祥麟先生

我民國四十六年進外交部，八十六年辭職退休。退休後，至今二十年，我寫了三十餘本書。包括四書的詮釋，唐代傳奇的研究、回憶錄、小說和散文集。我大學畢業時，寫了四篇論文。除了一篇供自己交卷外，另兩篇被同學拿去頂替了。還有一篇「英文的數」，原係基於丹麥英文文法大家Jesperson的Differentiated Rlurals為出發點的遊戲文字，被一位外文系同學拿去了。而我寫論文的方法，正是根據薩孟武先生的教導。薩先生的《中國政治思想史》、《中國政治社會史》、《儒家政論衍義》、《紅樓夢與中國舊家庭》和《從水滸看中國古代社會》等書，我不知讀過多少遍。尤其我重新詮解論孟四書，借重《儒家政論衍義》之處甚多。也因此書，我對孟子的性善論不甚欣賞！

記得三年級時，有一天，同班同學張豫生、郭清華和我三人去見薩先生，他當時是法學院院長。我們創立縱橫社，發行《縱橫月刊》。請求准予立案。薩先生不甚贊成。他說：「你們正當努力讀書之際，最好不要把時間花在搞外務上。」

苦口婆心，發人深省。

他翻閱我們的成績單，發現張、郭兩人都不太好。適逢系主任李祥麟教授在旁。他急替我們分辯。他說：「劉瑛的功課很好，交換教授美國耶魯大學博士陶遂（Gray L. Dorsey）一直誇讚他呢！」

薩先生終於批准了。

薩先生精瘦，但兩眼有芒，講起書來，深入淺出。他讀書甚多，解說起來，頭頭是道，同學無不敬佩。他對我的影響實在太大了！他是福州人，一口福州國語，至今難忘。他有時還有一點口吃，常常有「他」音。「他…他…」。有些頑皮的同學戲稱他為「薩他孟武」！

李祥麟先生山東人，個子高大。但經常滿臉笑容，對同學十分親切。有問必答，有求必應。看起來，實在不像嚴師，倒像疼愛姪子的叔叔。所以，令人懷念。

六、盛成教授和陶遂博士

假如說鼓勵我創作成功的是傅賓門老師，促成我勤於寫論文的應該是盛成教授和陶遂教授（Dr. Gray L. Dorsey）。

三年級時，盛成先生的「中國政治思想史」課程，期中考試，他給了我九十四分，凃秀雄同學八十三分。他要把我們二人的考卷傳閱。大四上時，交換教授陶遂博士的憲法原理，他用英語教學。期末考試，我得了九十三分，第二名陳鈞，八十一分，其餘同學沒有超過七十分的。陶遂教授特別叫我到他辦公室，賜給我一本由美國耶魯大學出版的*Ideological Differences & World Order*作為獎賞。他還對我說：大學畢業後我若想到耶魯進修，他會替我申請獎學金。

由於他們兩位的鼓勵，我大四最後一學期竟寫了四篇論文。我曾寫過好一些論文在《憲政思潮》和《中國文化復興月刊》中刊出，實在得力於他們的教導。我在駐南斐約翰尼斯堡總領事館任副領事時，公餘到南斐大使讀碩士，要寫論文，曾上函時任聖路易華盛頓大學教授的陶遂先生求助，他還寄給我一大堆資料。如此恩師，能不令人感動？懷念？

七、馬漢寶先生

其實，馬漢寶先生對我，只能說半師半友。他台大法律系三十九年畢業。民國四十一年，我唸大四時，他是助教。由於陶遂教授以英語教學，他任傳譯。

馬先生的尊翁馬壽華先生，祖籍安徽渦陽，服務司法界六十一年，由法官、司法部司長、南京市政府秘書長，行政法院院長等職。除法學外，馬先生精於寫竹。民國五十二年春，我國當代書畫展在約堡展出，展品中馬氏一幅墨竹，南斐名畫家欒立夫甚為欣賞，每天到展場之後，即搬一把椅子，靜坐「墨竹」畫前一兩個小時之久。我時為副領事，甚為感動。致函馬漢寶先生將個中情形轉呈其尊翁，獲准兩人交換作品。當時允為藝林嘉話。數十年後，馬壽華先生在其《服務司法界六十一年》一書中，還曾提起此事。

這是後話。

八、李辰冬先生和趙友培先生

民國四十年三月，我報名參加中國文藝協會舉辦的「小說寫作研究班」，僥倖通過甄試。

小說研究班設教務委員會。由立法院院長張道藩先生擔任主任委員。委員有：陳紀瀅（立法委員、小說作家）王平陵（副刊主編）、許君武、孫陵、李辰冬（師範學院教授）和趙友培（師範學院教授）。友培先生為常務委員，辰冬先生為教務主任。實際上，一切事務都是由他們兩人負責。

李辰冬先生，河南人，燕京大學畢業後，赴法國深造。獲得文學博士學位。

他精研《紅樓夢》。對法國小說家梅里美（Prosper Mérimée）和巴爾札克（Honoré de Balzac）有深刻的研究。

台灣亞熱帶天氣。三四月已開始有點熱了。當時，台灣幾乎完全沒有冷氣設備，而作為教授，又不能不穿著整齊。學員們經常看到：李教授一頭大汗，忙進忙出。既要招呼全班學員，還要送往迎來，接待來講課的講座。把他們帶進教室，介紹給同學。之後，他會在教室最後排找一個座位坐下旁聽。

學員若有任何困難，讓他得知，他一定費心協助。我曾經要借書，他知道了，從師範學院圖書館借來給我參考。像這種小事，他都立即答應，立即實行。充滿了師愛。

每當他授課的時候，辰冬先生總是十分賣力。他的那種誨人不倦的精神，實在令人感動。

和李辰冬先生一同負責小說研究班的趙友培先生，在我眼中，非常突出。當時台北最高學府只有一個台灣大學，和一個台灣師範學院。趙先生三十三、四歲左右便已當了師範學院的教授，實在難能可貴。他因為年輕，對辰冬先生很尊敬。辰冬先生也很尊重他。為了要辦好空前的小說研究班，他們經常一起、研究如何說動大師級的人物來班授課。像施魯生兄所說：「（他們）傻傻的來做一件只有貢獻自己的青春歲月，但是對自己卻毫無助益的事。百分之一百是讀書人的傻勁，書生本色的報國之舉。為國儲才。」（《文藝生活》頁七十四）

友培先生和辰冬先生一樣，總是每晚上課前到班。直到散學後才離去。若是授課教授是他敦請來的，他會到門前迎接，陪進教室，介紹給同學，而後靜靜的坐在教室最後排聽課。

他知道我單身在台，舉目無親。他常鼓勵我多創作、多投稿。且說：「別怕退稿，要再接再勵，屢敗屢戰。」

大三時，我花了一個晚上寫了一篇〈亂世家人〉給他過目。兩天後，他對我說：「寫得不錯，結尾處要稍作修改。定稿後寄給中華文藝獎金委員會，可望多得一點稿費。」因為，他知道我靠稿費過生活。

記得那是民國四十一年十月，我把〈亂世家人〉稿寄給中華文藝獎金委員會。十一月初，退稿回來，要我修改結尾後再送稿。當經細心閱讀全文，重寫結尾，隨即寄出。十二月十二日收到稿費一千四百五十元之多。我民國四十二年，最後一個學期的學雜宿費，才交了八十五元。一千四百五十元，簡直是發了一個小財。當天便請宿舍中同學到鹿鳴春吃烤鴨。

這完全拜小說研究班所賜。拜各位教授所賜。

「別怕退稿，要再接再勵，屢敗屢戰。」趙老師的話我永遠銘記在心。我在中央日報、中華日報、世界日報，投稿怕不下二百篇，真個是屢敗屢戰。我先後寫了三十多本書，已出版了二十五本，還有好幾本還在出版社排版中。在傳記文學刊出的文字也有四十餘篇。粗略估計，我寫過的東西，至少超過五百萬字了。像《論語新探》、《唐代傳奇研究》，每本都近三十萬字呢。

每一提起，總不免感懷恩師的教導。

貳、我追隨過的長官

一、前言

我生平服務過的單位，簡單說，只有三個。一是首都陸海空軍總醫院，二是海軍總部，三是外交部。

民國三十四年，我考入設在福建邵武的陸軍衛生勤務訓練所第三分所軍醫速成班，又稱軍醫分期教育班，原是兩年訓練，結業後赴部隊工作二年，再回訓練所讀二年。但因三十四年九月抗戰勝利，軍醫需求銳減，我們第六期學員，才受訓一年，便給予結業證書。我們訓練分所後來接收了原設在南京湯山的日軍醫院，正名為首都陸海空軍總醫院。同學都分發到部隊任少尉醫官，成績最好的四名留在新開設的醫院中工作。

三十八年，大陸變色，我隨醫院來台，考入台灣大學就讀。畢業後又考入聯勤總部的編譯訓練班，結業後，奉派到海軍總部任少尉編譯預官。

四十六年，我以考取外交官領事官高等考試的資格進入外交部工作，一直到八十六年，在駐約旦王國特任代表任內辭職退休。總結起來，我一生所待過三個單位。過程中，我遇到的一些長官，他們愛顧部下，像愛顧自己的子姪，令人心懷感激，我用感恩的心，把這些長官愛顧之蹟寫出來，聊表感恩於萬一。

二、景子軍先生

三十五年夏，首都陸海空軍總醫院開始運作，院長劉經邦少將，原係衛訓三分所主任。各部、科主任、主治醫師、總醫師都是我們的的教官。我結業成績各科都是滿分，教官們認為我「孺子可教」，把我派在第六病房任助理住院醫官。

三十六年，湘雅醫學院出身的劉經邦先生調任北平總醫院院長。繼任的是景凌灞少將。景少將軍醫學校第十六期畢業。且曾在日本慶應大學研究所作過研究工作，是河北省昌縣人，民國前九年十二月十七日生，官拜軍醫監（少將）。由於醫院已擴充，院本部設在南京城內的卅四標，原在湯山的醫院卻成為分院了，政府還任命了協和醫學院畢業的楊文達博士為副院長兼醫務長。

景凌灞先生，字子軍，生得十分威武，完全北方人的身材。國字臉面，濃眉大目，不怒而威，甚有軍人氣概。他接掌首都陸海空軍總醫院之時，醫院已有相當規模，和當時也設在南京由劉瑞恆先生主持的中央醫院，號稱是兩個最好的醫院。

景先生和前任不同。他並不一直只坐在辦公室，而是經常到各處巡視。發現有問題，立即糾正。

比起劉院長，景院長較為嚴肅，卻很有人情味。他十分誠懇，十分用心。有一天，他把我叫到院長室，和顏悅色的說：「劉瑛，你只讀了一年醫，雖然成績好，但要作醫療工作，學識經驗都不夠，是不是？」

我只好說：「是。」其實我負責五十來個病患的醫療工作，成績不錯。主治醫師賈友三大夫還稱讚過我。

他繼續說：「你的老師們把你安置在內科部任住院醫師，是不合規矩的。我現在調你去放射科，讓你跟石順起主任看X光片子，學操作X光機，事情不多，你大可自修，將來再考醫學院，豈不是好？」

我說：「好，謝謝院長。」

就這樣，我結束了一年多的「醫官」工作，調到X光室。

三十七年，國共內戰，徐蚌會戰，國軍失利，醫院先遷廣州，三十八年六月遷到台灣高雄，開設第二總醫院。我隨醫院來台，當年考上台大。我向景公報告，他大為高興。臨到要由高雄到台北上學，我向景公辭職。他只問：「你有足夠的錢交學費、交伙食？」

我說：「沒有。」

他說：「那你先請一個月事假再說。」

如此，我多拿了一個月薪水。臨到我上辭職簽呈時，景公批可了，但他仍貼了十一月和十二月兩個月的薪水給我。

民國四十三年，我到左營海軍總部任少尉編譯預官。每逢過年過節，景公總是叫他的副官陳振南上尉找我到他家過年過節。他可真是把我當親子姪看待。能遇到這樣的好長官，真不知是幾世修來的福氣。

記得我在海總時，他的長公子景雲翰海軍官校畢業，他因為二總工作忙，叫我代替他為家長參加雲翰的畢業典禮。

我進入外交部工作後，國內國外的跑。若是到了高雄，總是要去看看景公致意。他後來調任軍醫署長，退休後還曾參加醫療團到利比亞工作了一些時。沒多久，景公便應主召歸真了。每每想起他對我的鼓勵、愛顧，令人懷念不已！

三、楊文達博士

民國三十八年，我考上了台大。我由高雄來台北，舉目無親。吃、住、學雜費都成問題。先是暫住同學上尉醫官劉海蛟的軍營裡，而最大的麻煩是：進學校要有薦任以上文官或店舖的保證書，保證學生和共黨沒有關係。這可把我給難倒了。

有同學對我說：「原南京總院副院長楊文達少將，現在是一總院院長，而且兼台灣省衛生處副處長，那可是簡任官呢！」

於是，我硬著頭皮，跑到當時設在廣州街的一總醫院找楊院長，懇求他幫忙。

楊文達少將原係我們衛訓三分所的教官，在南京又是我們的長官。他二話不說，立即簽名蓋章。還寫了一個便條，要我到衛生處秘書室去蓋衛生處的大印。

事情就這樣解決了。但軍營不久要遷走，住怎麼辦呢？

沒有辦法，只好厚著臉皮，再去找楊教官——我一直稱他楊教官。

其時，一總院也缺護理人員。我請求楊公讓我到醫院上大夜班。白天上課，下午休息，晚上十一點上班，次晨七點交班。當時年輕，自認可以勝任。

楊公又同意了，叫我去見護理主任。護理主任，名字忘記了，只記得她是浙江人，非常關照我，立即要夜班護理長陳小姐為我排班。

護理主任非常同情我的處境。她有時還會為我介紹作特別護理，賺點外快。夜班護理長陳小姐也很照顧。我作了四個月夜班，第二個學期，申請到宿舍，我才辭職，專心讀書。

但楊公的恩德，我永世難忘。他是我最敬佩的長官之一。清廉、敬業、而且尊師他一直尊敬他的老師林可勝博士。愛人，而且十分謙虛。

楊文達博士祖籍江西南昌，生於光緒三十年（一九〇四）農曆八月二十七日。父親楊玉笙先生是前清秀才。二十餘歲時由教會資助進入金陵神學院讀書。結業後回南昌當傳教士，三十多歲不幸中風，四十多一點去世。

楊公中學畢業後，考進金陵大學理學院，畢業後再考上北京協和醫學院。民國二十六年畢業，時已三十三歲，同年結婚。七月七日，中日戰爭爆發，楊公偕夫人由北平到南京，在南京中央大學內設立的中央臨時醫院報到，投入治療傷患工作。

十二月，南京撤守，楊公回到江西。其時，協和教授林可勝在漢口組織紅十字會救護隊，楊公乃去漢口，參加救護隊。其時南昌也有救護隊，林先生命楊公到南昌管領七十一醫療支隊。

二十九年，楊公被派到雲南黑林舖，當軍醫訓練隊正隊長。美國派遣其二七野戰醫院全班人馬百餘人，有醫師，有護士，還有行政人員，到我國來訓練醫護人員。我在雲南駐軍二十餘師，各組醫官都須到隊上受訓半年。楊公英語好，溝通無礙，官階上校。

之後，楊公受任桂陽總醫院院長。勝利後，上頭有意派他為首都陸海空軍總醫院院長，景子軍（景院長號子軍）先生居副。但楊公自認景先生較資深，且是正規軍醫學校出身，讓給景先生為院長，他居副。

他後來升任國防部軍醫局中將局長之後退休。

四、陳以源先生

我駐約翰尼斯堡總領事某不得僑心，當時外交部長沈昌煥幾乎每週都收到南斐華僑告發總領事貪污事件的信函。沈公不勝其煩，召見人事處幫辦李善中，問：「我們部中誰最清廉？」

善中答：「陳以源。」並說明他清廉的事蹟。

「他現在在那裡？」

李答：「在駐薩爾瓦多大使館任參事。」

部長說：「好，就是他，派他去約堡任總領事。」

其時，我是總領館的副領事。卻是首席館員。我到機場迎接陳公伉儷。陳公正直、清廉、從無巧言令色，是以升官甚慢。他下飛機，一眼看上去，高瘦個子，兩眼有神，頭髮卻呈麻色，怕不年及花甲了。

陳公祖籍江蘇，卻能說一口道地的廣東白話，而且態度誠懇謙敬，迎接的僑領僑胞——大都祖籍廣東省南海和順德——大為高興。

陳公上任第一次開館務會議，兩位委任主事，一管出納，一管會計，迫不及待的向總領事報告：館中公費太少，入不敷出，必須向部方請求增加經費。

但陳公說：「事還沒辦，先要求加撥經費，絕不可以。」

其時，我在南斐尚未設大使館，總領事館得兼辦外交業務。總領事又兼領駐東非莫桑鼻給（葡萄牙屬地）總領事，還得出差前往其首府羅連士麥到任，撫慰僑胞，經費都要由駐約堡館中勻支！同時，約堡還兼理南羅德西亞、毛里求斯和賽西爾諸地的領務、僑務。經費不足，由來已久。每月，陳公都得貼上一二百美元。一二百美元，一個副領事的月薪包括各種津貼也不過三百多美元！好在陳公兒女早已獨立，是以勉強可以支應。

接著，部方又有指令，令總領事館展開對即將獨立的南非三英屬殖民地聯繫，俾三地獨立後，能與我建立大使級外交關係。至於經費，一字未提。

當時，總領事館全員，總領事之下，我是副領事。而後有荐任主事廖碩石、沈旭宇、委任主事韓際和、黃廷章。另一借副領事名義的安全官范中平。除我之外，都不是外交官。於是和三地連絡的工作便落在我身上。當時，既無手機，又無直撥長途電話。打國際電話，得先向電信局總機掛號，有時要等好幾個小時才接通。接通了，要找的人又可能不在。而且，經電信局通話，全無機密可言。不得已，我只好開著我的小福特——兩門的Anglia，來去三地——巴斯托蘭，貝川納蘭和史瓦濟蘭。每地去約堡都在二百五十英里上下。到巴、史二地還好，有柏油路。到貝川納蘭——獨立後叫波札那，卻要走八十九公里的土路。不但崎嶇難行，而且灰沙很大。我曾在中途翻過車，尚幸沒受重傷。

常言說：「渴者易為飲，饑者易為食。」三地人民，既受到白人殖民國家的欺壓，又受到南斐共和國白人的歧視，自卑心很重。我們把他們看成朋友，平等相待，稱兄道弟，他們很是高興。我以一介「副領事」的小外交官，居然和三地的政要、酋長、甚至國王，都稱兄道弟，平起平坐。他們途經約堡搭飛機去英國，只要一個電話來，來往機場接送，都是我的工作。有時，還要請他們在家吃一頓飯。（因為他們不可進白人餐館。）

在陳公出錢、我出力——有時也免不了要少貼一點錢——的情況下，我辛苦了兩年，三地宣佈獨立前，我使出渾身解數，要到邀請我國派特使參加他們獨立慶典的邀請函，而三地也順利的和我們建立了外交關係。之後，陳公派去馬拉威任大使，我調回部中工作。建交的功勞，由部派大員笑領了。而且，陳公對我說：「此公還藉機偷了一些國家的錢呢！」陳公一任兩年的薪水，據我所知，卻全數都貼光了。

我最感激陳公的：第一，他大公無私，是非分明。給同仁樹立了榜樣。第二，他寧願貼錢，從不哭窮，他的硬脾氣，令我心折！第三，他對我推心置腹，十分信任。第四，他對我像自己的子弟一樣教導。他常說：「劉公，（外交部老一輩的同仁都習慣稱對方為公。）一個公務員若沒有什麼過人的長處，最低限度，他若能不貪財、不好色、克勤克儉，負責盡職，雖不能說一定可以飛黃騰達，至少，他已立於不敗之地。」

我自問才、學俱不如人，所以，我總是遵從陳公的教訓，雖然有些小人背後破壞我，損我，終未得逞。我之能由小科員，雖然慢一點，終身爬到了特任代表的地位。每一想起，總覺都是得力於陳公的教誨。

陳公只作了兩年大使，因為他的硬脾氣，不能見容於楊西崑而調部辦事。部長魏道明知他委屈，讓他接任亞西司長，他不接。要他任有給顧問，但他寧願退休，以示抗議。

他就是如此寧折不彎的個性。

陳公民國七十五年十一月二十二日病逝。我為他撰了一幅輓聯：

終生盡瘁黨國，記壇坫相從，教我以兩袖清風，一身傲骨。
廿載誼兼師友，竟人天睽隔，莫公須天頂白雲，嶺上梅花。

五、蔡維屏博士

節儉實在是一種美德。魏道明先生任部長時，第一常次沈劍虹，蔡維屏先生任第二常次。我當時任禮賓司典禮科長，還兼了三個半月的交際科長。

每逢部次長宴請外賓，菜單呈上去，例如：甲菜單一萬元，乙、八千，丙、七千。沈次長只揀貴的，也就是一萬元那種。蔡公則以價廉、合乎外賓口味者為主。外賓多不喜魚翅、海參、菓子狸等，蔡公絕不採用。他作了七年次長，贏得管家婆的綽號。（沈公後來任駐美大使，他的館員說他開酒會只許用紅標約翰走路，稍微貴一點的黑標都不許，可能也學到了節儉為貴了。）

我和蔡公毫無淵源。但他任次長，當然看到我在約堡和三地打交道的電報，因而對我頗有好感。先是，台灣省政府外事室主任出缺，他推荐我去接任，但我們司長吳文輝不肯放人，只好作罷。然後，他又保荐我到琉球，辦理領事業務，我帶領荐任科員潘明和書記官寸時嬌小姐到冲繩出差了兩個星期。我三年任滿之際，他推荐我到駐澳洲某地領事館任館長，但公文一到政次楊西崑處，我的名字便被劃掉了，換了楊某的親信。

我住敦化南路一段忠孝東路口，蔡公住忠孝東路四段敦化南路口。蔡公有時在寓所宴客，我常叨陪末座。民國六十四年，他轉任政治大學國際關係研究中心主任，離開任職三十二個年頭的外交部，不免依依難捨。

離部之日，部長沈昌煥先生親自送到樓下——部次長辦公室在五樓。樓下大廳已擠滿了送別的同仁，連大門外台階上都站了不少人。和各人握手，殷殷道別，足足花了二十三分鐘之久。

我民國七十五年由駐約旦十四職等代表回部任亞西司司長之時，蔡公已退休，任外交部顧問。他的辦公室在司長室旁。我上任的第一天，他到我辦公室祝賀。他特別提醒我：「作司長最要緊的是負責任。我任次長時，一位駐外大使請部方增加經費，經費增加了，主管司長即函該大使邀功。另一大使沒要到，主管司長卻致函說：『我已盡了力，但部次長不同意！』這種不負責任的行為，千萬不可有。」

我連忙站起身聽他的教誨，連連稱是。

長輩關心後輩，那幾句話中，充滿了愛護之情，令人感動。

不久，我調任駐泰王國大使待遇代表。一任五年，之後，又升任駐約旦王國特任代表。維公仙逝之時，我正在國外。未克親臨致祭，引以為憾。但維公愛護提拔之德，時時懷念不已。

六、關振宇大使

我所追隨的長官，大都是思路清晰，反應快捷，言詞便給的鋒芒畢露型。但也有穩重如山，心平如鏡、言詞婉轉，態度從容的英華內斂型，像關振宇關鏞大使便是。

我認識振宇大使是民國五十五年底，他奉派出任第一任駐賴索托王國大使——由北美司副司長升任。他和大使館三等秘書韓知義先抵達南斐約翰尼斯堡，我時任駐約堡總領事館領事，他知道我和賴索托建交是我一手促成的。是以，他情商總領事請我陪他們去馬色路——賴國首都，介紹賴政要給他們認識。我們頭天開車出發，當晚住在賴京唯一的一家小旅館——藍氏小館（Lancer's Inn）。第二天，我帶他們見外交部長莫拉坡（CharlesD. Molapo），首相府秘書C. M. Molapo（外長的長兄。）司法部長迫蒂迫蒂酋長（Chief Pete Pete）。當天下午，我駕車回約堡。

此後，關大使和知義兄經常要來約堡，至少一個月一次——理髮：賴索托沒有理髮店。購物：約堡一地即有六七家大型百貨公司，馬色路只有小雜貨店。他們來約堡，大家總要見個面，吃個飯。

不久，關夫人王嫒婷女士也來到賴索托。

他們三位，都是自己開車來約堡。理髮或購物，每次來，我們總會聚聚。關夫人，出身世家，腦筋清楚，作事最能把握分寸。她一直是內人心目中的偶像。她也是我所認識最了不起的長官夫人中的一位。

關大使很文靜，對人誠懇友善。他從不亂發話，該他說話的時候，他總能滔滔不絕，說出一篇大道理。所以，雖然他來南斐不過一月一次，而且停留時間不長，南斐的華僑對他卻有很高的評價，很深的印象。

不久，我調部接任禮賓司科長。三年之後，外放波札那任一等秘書。才兩年，下旗回國。常次蔡維屏先生推薦我任亞西司副司長。

之後，蔡維屏先生外調，關大使調部繼任次長。

亞西司一向都由楊次長管轄，所以，我和關次長在公事上接觸的機會不多。但是，至少有兩件事，我非常敬佩他的作法。

第一，他常說：「除非不得已，最好能按時下班。因為次長若加班，秘書不能離開，工友不能離開，外交部大門不能關，守衛、門房，都不能下班回家，座車司機也是。可他們也都有家室，有子女，不能因為自己一個人而影響到他們不能及時回家吃晚飯，和家人團聚！」所以，他盡可能按時下班。體恤下屬的仁心，能不欽佩？

另外一件事：關次長接獲密報，說是部中司機，經常在地下一樓司機休息室聚賭——打沙蟹。賭博是萬惡之首，若不禁絕，後果將不堪設想。於是關次長找來司機管理員，警告他：次長將隨時下樓突擊檢查。若發現有人賭博，立即開除，請轉告各位司機。

果然，次長親自下樓突擊檢查過幾次。他離開辦公室下樓前，先大聲吩咐秘書，他要去突檢。而且讓工友也在旁聽見。十分八分鐘後，他才下樓。即使真有司機聚賭，工友勢必會偷偷警告他們。所以，被查到的情形完全沒發生過，而司機也真不敢再聚賭了。果然無預警而突擊檢查，若是查到了，難道真把參與聚賭的司機全開除？那是「不教而誅」！關次長的辦法，目的達到了，沒有一個人受傷，真是明智之舉。

民國六十五年五月，關鏞先生奉派出任首任駐南斐大使，吳子丹兄和我任大使館參事，隨同關大使赴南斐開館。其時，我任亞西司副司長才兩年，子丹兄也是簡任官，而且他任簡任官資歷比我高出一個月。為了要讓我作首席館員，關大使特別交代人事處，我的參事任命令頭一天發出，次日再發表子丹兄的任命令。大使愛護之情，沒齒難忘。只可惜，我開罪了政次楊西崑，我只追隨關大使一年半，便被部方以「協助非外交出身的薛人仰大使」，調去駐尼加拉瓜大使館。

我任亞西司司長之時，振宇大使由南斐再調部任次長，旋以特任大使派至沙烏地。沙烏地屬中東。每年我到中東開協調會報，一定能見面。

之後，我調任駐泰國代表。中東海灣戰爭爆發，關夫人為使大使無後顧之憂，隻身到泰國避難。在我們家住了三個半月，夫人與內人甚為投緣，看成自己的妹妹，在我眼中，她是一位了不起的外交官夫人。英語流利，腦筋清楚。凡有問題發生，大使還會和她商量。兩人一研究，便能找出解決的方法。關夫人在曼谷之時，我們和僑界應酬，也請她一起。她的風度，言談、一舉一動，都十分中規中矩。深得僑胞敬佩。

記得我在尼加拉瓜之時，總覺館中若干事都未上軌道。時常作建議，但從不為館長接受。內人在南斐，一日見夫人，夫人說：「告訴參事，少說話。」正如孔子所說：「事君數，斯辱矣！」由此可見夫人的知人、知事。至今思之，猶懷景仰。

七、朱撫松先生

想起朱撫松部長，就想起「正直」兩字。

楊西崑任次長——由常次而政次——連續十八年之久。他營私結黨，「順我者昌」。他的親信，科長派出去便可任大使。不是他的一黨，大使不滿兩年便被調職。如駐波札那大使濮德玠，才一年九個月便調走，而後楊西崑的親信劉新玉派出去由代辦而直升到駐波大使，結果中波斷交，坡外長訪問牙買加，還向我駐牙大使館參事潘明志提起濮大使的獲得他們的信任、讚賞。只因濮係魏道明部長所提拔者！楊必除之而後快。朱撫松先生接任部長之後，第一件事便是外放楊西崑去南斐任大使。據說，楊西崑收到派令後，氣得將派令丟到垃圾桶裡，他的目標是接任部長！

不僅此也。楊西崑任我駐聯合國代表團專門委員時，曾與主管財務報銷的一秘桂宗純發生過爭執。楊任大使，不久，外交部派桂宗純為駐南斐大使館公使。楊大使不喜歡，卻又不能拒絕，他特地發了一個電報呈報，請示「桂公使之任命，是否宜徵求駐在國同意？」

部內人事處和非洲司聯名擬了回電，指示楊大使：「不必徵求駐在國同意。」朱部長看了電報，知道是怎麼回事。他把電文改成：「請依規定辦理。」意思是：「你作了十八年次長，難道不知館員是不必向駐在國徵求同意的ＳＯＰ？」

同時，朱部長知道我十數年來為楊西崑打壓，其時，我在駐洪都拉斯大使館任「總領事待遇代辦」，他調派我到約旦王國任駐約旦代表。

記得我初次外放，派在北非駐茅利塔尼亞大使館任三秘。年餘，內人懷了老二。而茅京既無醫院，甚至無醫生，更別說婦產科了！我結婚時任女方介紹人的閻奉璋先生和楚崧秋先生、耿修業到外交部拜會當時的次長朱撫松先生，朱次長答允把我調差。結果，調到比我國發達甚多的南斐共和國約翰尼斯堡任副領事。

朱撫松先生愛顧下屬之情，實在令人感動。

民國八十六年我辭職回國退休。有一天，我和閻奉璋先生聯名，邀請前任部長黃少谷先生和朱撫松先生在閣府午宴。我特地請曾三度應請到張大千先生府上烹調的外交部同仁葉剛強先生作了三道菜。三道菜上桌，與會貴賓人人叫好。黃、朱二公之外，有外交部同仁陳毓駒、中華日報葉明勳，到餐館的菜上桌時，大家都說：「不能比葉先生的廚藝。」

朱夫人徐鍾珮女士，名作家。她賜給我和內人的兩本著作，一直放在我書房書架上。

八、連永平博士

外交部部長，有些是先任大使再任部長的，有些是由部長調任大使的。連戰博士是先任駐薩爾瓦多大使，而後來任外交部長的。

孔夫子說：「為政之道，先有司，赦小過。」連部長上任後，十分尊重各司處長。外交部的司處長，依慣例，大都是科班出身，經驗豐富之士。連公尤其信任他的次長們，他們也都是科班出身的。其時，我是由駐約旦代表接任亞西司司長的，而且已到任四年之久。

在連公永平領導之下，部中一片祥和。

有一天，政務次長金樹基叫我去辦公室，對我說：「部長要我問你，願意去馬拉威還是去泰國？」

我說：「馬拉威。」

「你怎麼考慮都不考慮一下？」

我說：「第一，我在非洲，從北非到南斐，前後待過十二年，而且在南斐大學讀學位、進修，也是研究非洲新獨立國家的政治發展，所以願意去非洲。第二，泰國屬亞洲，我既沒在亞太司工作過，兼之，泰國華僑眾多，深恐自己不能勝任！」

過了幾天，金次長又找我去，說：「部長要你去泰國。他說：『去馬拉威養老嗎？』所以，要你去泰國任代表。駐馬拉威大使另找人選。」

七十八年三月，部令派我任駐泰國簡任十四職等大使待遇代表。

我六月初才交卸司長職務。抵達曼谷就任。連部長偕夫人與女公子七月即到泰國訪問。好似要考考我的能耐。

我剛到曼谷的情形：館員們說：第一，代表的座車不能開到泰國外交部，首相府更不可以。第二，代表要見泰外長，透過關係，只能安排在郊外部長寓所見面。第三，泰科長以上人員不得訪華。

此外，代表官舍中家徒四壁。若要宴客，既無瓷餐器，也沒銀刀叉，水晶玻璃酒杯更是缺如，桌椅沙發都不足。一個九百多坪的豪宅，幾乎是司馬相如的家！

我使出渾身解數，為部長安排上兩個節目：第一，晉見泰王。第二，安排上由泰外交部副部長（也算是內閣閣員）林白攀（華裔）邀請午宴。

見泰王的節目是臨時插進去的，林副部長午宴中還有台灣建築商林謝罕見。而後參觀四面佛等聖地。

總算勉強及格了吧。

連部長見官邸中，大小三個客廳，只有一套柚木沙發。而且年紀相當大。餐廳中一個只夠供家庭數人用餐的餐桌！他再三吩咐：編列預算，向部方申請撥款，貼壁紙，買沙發，添置餐桌椅。

我口中稱是，心裡卻想：陳以源大使說過的，還沒辦事先向部方要錢，似乎不太好。一切修繕添置，理應從公費中支付。只是：前任作了很多年，怎麼館中如此窮相呢？

部長走後，我每月從館中經費勻出一點錢，先購置英國骨瓷餐器、奧地利水晶玻璃酒杯等。大概是九月分，部中來電：「為何還沒提出修繕添置預算？希即辦理。」

不好意思，我只得找總務組的張育生主事給研究辦理、估價，列表呈部。部方也立即批准，撥款給代表處。

由這點小事，足可看出連部長處事之細心、認真。

後來我在約旦任特任代表之時，連公已選上副總統兼行政院院長。我安排上總統李登輝率團訪約，甚為成功。我返國述職，往謁連副總統。連公表示若可能，他也願赴約訪問。

其實，其時我已上了辭呈，我因年高——近古稀了——多病、而子、女、孫輩都在台灣，擬回國休息。但我還是給安排好了。只是連副總統訪約之時，我已回國就養。

有一次卸任使節會餐，連公也在座，他還特地到我坐的那桌，舉杯謝我安排之功。他的謙虛、誠厚，由此可見。

連公令尊翁連震東先生，曾任內政部長。夫人方瑀女士，中國小姐選出第一名。祖父連雅堂先生抗日愛國志士，一門忠貞。連公退休後，尚致力於拓展兩岸關係，為了國家，退而不休。幾次訪問大陸，獲得「連爺爺」的雅號。而他的清廉正直，至今還為外交部同仁們所樂道。

九、章孝嚴先生

我在曼谷任駐泰王國代表之時，章孝嚴先生任常務次長，到泰國訪問。我安排上在僑領胡玉麟博士家和泰外長阿舍．沙拉辛見面。又安排由參院院長迷猜邀宴。沙拉辛，華裔，祖籍海南。迷猜姓盧，第二代華裔，父親潮州人，他有個哥哥當時在日月潭任警官。

之後，章先生任僑委會委員長，率團訪慰泰北僑胞，我為他向泰方借到三架直昇機，我陪同訪團飛赴泰北各高山區泰北難民村。訪問非常順利、成功。

在泰國時，章委員長知道我每年十月三十一日老總統生日那天舉辦「代表杯高爾夫球邀請賽」，應邀的是泰四顆星三顆星將領、外交部次長、若干政府官員、外交團友人和一些華僑僑領。

泰官員請吃飯不見得來。但打小白球，請他們打球，他們一定到。一次一百七十到二百人左右。章委員長深知我每年都為辦球賽貼錢；其實不過三兩千美元而已。同時，我是和泰政軍官員打交道，更是爭取僑胞的心向祖國，而又是紀念蔣公冥誕。可說是一舉兩得。蔣公可是章委員長的祖父。章委員長面囑我提編預算，向僑委會請求撥款補助。他的一番好意，我很是感激。但我早經學會了陳以源大使的一清二白的習慣，我只有心領，沒有照辦。

之後，我又升任駐約旦王國特任代表。章孝嚴先生卻轉任外交部長。

民國八十五年，我安排上章部長偕夫人及隨員訪問約旦，居住王宮中，由王儲設宴款待，接受約旦國立雅慕克大學贈名譽博士學位。晉見首相，晉見胡笙國王。接受國王長子阿不都拉親王邀宴，遊覽古蹟等，訪問甚為成功。

記得我們拜會總理卡巴力提時，總理拍拍我的肩膀對章部長說：「他是我兄弟。」我到安曼之初，從僱員口中知道當時不過國會議員的卡巴力提等數人為政治明日之星。我銳意拉攏、送禮、邀宴，從未間斷。果然，不到一年，他入閣任外交部長。又一年，居然任內閣總理（首相）。我們可說是布衣之交。

章部長訪約之後，我因年事已高，幾達古稀，而兒女都已在國內成家立業，因之上電請辭。俾讓賢退休，返國含飴弄孫。蒙章部長親函慰留，只有心存感激。三次懇辭，始蒙「勉予同意」。

在我眼中，章部長是一位是非分明的部長。後來，他終於認祖歸宗，改從父姓。他的公子蔣萬安，年輕有為，現為立法委員。每由報章電視中看到他的言行，我對內人說：「欣見老總統蔣公有後了。」

參、我們這一代

一、創造歷史的邱進益大使

蔡維屏博士任次長，離任時，部長沈昌煥先生親送到樓下。到了樓下大廳，惜別的同仁多到大廳都站不下，許多位同仁只好在大門外排隊歡送。但有的部、次長離任，幾乎沒有人送行。單就送行一點，便能看出其人平時待人處事的情況。充分顯示出其人的IQ和EQ的高低程度。

我任亞西司司長時，進益兄任新聞文化司司長兼外交部發言人。我去見他，情商借重他的科長詹秀穎到亞西司任副司長，他立刻同意割愛。因為：由科長升任副司長、即荐任官升簡任官，他不會擋人升官。不久，他升任駐史瓦濟蘭王國大使。赴任時，在機場送行的人，包括同仁和親、友、還有經常與新聞司打交道的記者，把機場外交部貴賓室擠得水泄不通。

我民國六十九年初到約旦任駐約旦代表，但我們代表處的名稱是「駐約旦遠東商務處」！七十八年到泰國任代表，代表處成立之初，叫「中華航空公司駐泰國代表辦事處」。其實，我與無邦交各國往來，設立代表處，名字不一。如：在倫敦的叫「自由中國中心」。駐西德的叫「自由中國新聞社」維也納：「中國文化研究所」。最常用的是「遠東商務處」。邱進益兄任歐洲司副司長時，奉派到瑞典洽設我方成立機構之可能，獲得瑞典同意。進益兄大膽建議用「台北商務、觀光暨新聞辦事處」，獲得部方核准，也得到駐在國同意。「遠東商務處」等名號，既沒官方氣息，也無任何有關「中華民國」的涵義。此後，我駐無邦家國的辦事處，便多以「駐ＸＸ國台北經濟、貿易代表處」等冠有「台北」二字的名稱所取代。

其前，進益兄民國六十三年兩德尚未統一之時，派在波昂工作。他在西德兩年半期間，觀察兩德之間的發展，調部任歐洲司副司長時，寫了一份一中三憲的報告，主要討論如何效仿兩德經驗來解決兩岸關係，呈給部長沈昌煥先生。沈部長看過後，把他找去辦公室，對他說：「東西很好，但政策上不可行，報告放在我的抽屜就好。」就這件事，和進益兄後來到海基會工作，似有關連。

按德國在二戰前有威瑪憲法，東西德分治後，都沒否定威瑪憲法。西德後來制訂「德意志聯邦共和國基本法」。我國一九四七年訂定「中華民國憲法」，而中共也有他們的憲法。兩岸若統一，雙方可再制定一個可涵蓋兩地的憲法，這就是「一中三憲」的說法。他是從「一德三憲」出發的論說。

一九八八年，十月下旬，邱進益兄尚在駐史瓦濟蘭大使任內，忽得總統府秘書室主任蘇至誠打來電話，說總統李登輝先生要他回國接任總統府副秘書長。其時，進益兄尚係簡任大使，總統府秘書長則係部長級特任官。不但此也，進益兄到了總統府，竟身兼五職：副秘書長、發言人、國家統一委員會執行秘書、國統會發言人。國統會研究委員會召集人。其中總統府發言人一職，（一九九〇年開始），且是有史以來第一位發言人。直至一九九四年，邱副秘書長奉派為特任駐新加坡代表。論算，副秘書長只管常務，秘書長管政務。但秘書長李元簇學法出身，他將外交和兩岸事務都交由外交出身的副秘書長掌理。

民國一九九三年三月，進益兄鑑於海峽兩岸關係之重要，應辜老振甫先生之請，總統李登輝的同意割愛，他不在乎連降四級，由特任部長級文官，降為簡任十二職等中央部會司處長級的海基會副董事長兼秘書長。

此時，辜（振甫）汪（道涵）會談正積極準備中。進益兄上任的第一天，大陸海協會常務副會長唐樹備致函祝賀，並邀他率團赴大陸商討辜汪會談的準備事宜。進益兄受邀前往，雙方會談十分成功，這是兩岸交通史上的第一次雙方會談。

辜汪會談一九九三年四月下旬在新加坡舉行。解開了兩岸四十餘年來的敵對局面，簽署了四項協議：《兩岸公證書使用查證協議》、《兩岸掛號函件查詢、補償協議》、《兩會聯繫與會談制度協議》、《辜汪會談共同協議》。每種協議一式四份，兩份簡體字，兩份正體字。

由於進益兄曾派駐義大利、馬爾他、西德、奧地利、瑞典與史瓦濟蘭等國，且曾任外交部發言人、總統府發言人，處事、說話，處處見功夫。他催生世界矚目的辜汪會談，折衝其間，終於使辜汪會談圓滿劃上句點。

一九九四年四月，進益兄轉任駐新加坡特任代表。他和新國總統王鼎昌、資政李光耀都建立了非常友好的關係。他的表現，深得層峯欣賞。他曾由總統府副秘書長連降四級，調任海基會副董事長。受了委屈，層峯深深了解。在一九九六年九月，調升他為考試院考選部長。他在考選部長任內也有許多建樹，但與外交完全無關，故不贅言。二〇〇〇年五月，進益兄卸下重任退休。

進益兄民國二十五年（一九三六）年十一月十九日出生於舟山群島之岱山島泥峙鎮江窰湖村王家。五歲時，出養嵊山島嵊山鎮大戶邱人海先生為養子。民國三十九年，舟山島大撤退來台。五十年政大畢業。五十一年外交特考及格入外交部工作。他同班同學考入外交部的有蕭萬長、王飛、楊榮藻、王維傑等，蕭後轉經濟部，由國貿局長、經濟部長而行政院長、副總統。王飛兄由駐史瓦濟蘭大使升任外交部政務次長。駐哥斯大黎加大使。楊、王、也都任大使。

二、鍥而不捨的楊榮藻大使

榮藻兄是個傳奇人物，他是我的同鄉。我祖籍贛北南昌，他祖籍贛南瑞金，他的一個姪子楊慶瓊和我在南昌一中高中時同班。

瑞金是江西的一個小縣。民國十六年，國共寧漢分裂，正面衝突開始。先是賀龍和葉挺率領的一批共軍佔領了瑞金；亂了一個多月，闖往閩西。十七、十八年，另有共軍入侵，榮藻兄的尊翁護送祖父奏廷公赴贛州避難。十八年農曆九月，榮藻兄的叔叔為共軍殺害，年才二十五歲。

民國三十八年，大陸變色，曾任國民黨瑞金縣黨部書記的鏡如公時在金門工作，榮藻兄年僅十二歲，經家庭會議，由於姑父的堅持——要為楊家留一條根，決議讓榮藻先去廣州，再偷渡到香港，再圖與在金門的父親連絡。

就這樣，一個十二歲的小男孩，披星戴月，背井離鄉，經過重重關卡，終於到了香港調景嶺，而後連絡上父親，搭盛京輪來台。民國四十年五月二十日，抵達基隆，父親在碼頭迎接。父子相逢，恍如隔世。

首先，他被送到高雄美濃定居，由榮藻兄的叔祖父傳霖先生照顧。瑞金土語為客家話，和美濃一樣。所以上學、生活，完全無困難。鏡如公四十一年暑假，父子二人才團聚生活。

榮藻兄順利完成了高中學業。在高二時，歷史老師王禹生先生能言善道，講解鴉片戰爭、八國聯軍等列強欺侮清廷的史實，同學們聽了都情緒激動，榮藻兄乃下了決心，將來要讀外交，報效國家。

民國四十六年，榮藻大專聯考及格，以第一志願進入國立政治大學外交系。服完預備軍官役，於民國五十六年外交特考名列榜首，考進外交部工作。由於他的考試成績好，由人處派到北美司，任荐任科員。同事們最嚮往的一司。

進部之後，長官與同仁們最欣賞榮藻兄的，是他鍥而不捨的精神。他十二歲，說要逃離瑞金，歷盡艱苦，終於偷渡成功，經香港來台，與父親團聚。在外交部由科員、秘書、科長、內外戶調，至民國八十九年，他終於熬出了頭，派駐南斐共和國開普敦任總領事。

我國自退出聯合國，繼之中美斷交，最後中東的沙烏地，亞洲的南韓，都離我而去。民國九十年代的友邦，才及三數。而後南斐又將廢除黑白種族隔離政策，舉行大選。以黑白人民數目相差之過大，黑人取代白人成立政府，乃是必然的結果。榮藻上任前到非洲司向司長杜稜辭行。杜司長對他說：「中斐邦交如能維持到一九九四年黑白政權轉移之前，便是我駐斐外交同仁的成功。」當時，部方對南斐的邦交已經失去了信心，由此可見。

初任館長，榮藻非常認真，也非常努力。赴任前，先作好準備工作。

首先，他得向部次長請訓。繼聽主管司——非洲司——的赴任前簡報。

其次，總領事主管僑務，他特地赴僑委會拜會長官。

第三，我國有上百條的高雄遠洋漁船在開普敦省附近捕魚，他專程赴高雄拜會市長吳敦義和議長陳田錨討教。到高雄漁會瞭解我漁船作業的一應情況。第四，招聘廚師一名以備宴請當地政要之需。

到任後，外交方面，遵照長官的指示，積極爭取彼邦人士的友情，因為國際關係就是人際關係的延伸。首先，他拜會國會正副議長、議員。政黨領袖，地方首長，和工商界重量級人士。

僑社方面，南斐華僑，絕大多數是廣東人。在杜省者，以南（海）順（德）人居多。他們能操三邑語。即廣州話。沿海各埠，則以梅縣人居多，他們的母語是客家話。榮藻是江西客家人，又在高雄美濃讀小學，一口客家話，不輸梅縣人。僑社人數不多，大家用客家話交談，十分親切。

結交友邦政要，榮藻可說無孔不入。甚至，如東開普省長夏拉巴（Raymond Mhlaba）他是南斐共產黨主席並兼東開省書記。他極力籠絡。兩人竟成好友。一同觀賞歌唱會。並拉我駐斐大使陸以政先生作陪。之後，又邀夏氏夫婦訪華。我慈濟會贈送夏夫人所主持的殘障機構六十張輪椅。夏氏夫婦和楊總領事賢伉儷竟成了好朋友。一九九五年七月十八日，一位國會友人到總領事館拜會楊總領事，告以斐共將於七月二十二日與曼德拉總統領導的ANC（African National Congress）

攤牌，脅迫曼德拉總統與中共建交，與我斷交。榮藻當機立斷，次日晨班機飛東倫敦市見夏省長，請其阻止是項行動，終於使其事胎死腹中。（直至一九九八年，三年之後，南斐才與中共建交。）

僑社方面，他鼓勵僑社春節舉辦中華美食會，舞龍舞獅和土風舞表演。拉近僑社與當地人民的關係。協助僑社建立中華學校，傳承祖國文化。

對於漁船，總領事館與僑界合作，改善開普敦船員俱樂部的營運，增加設備。使營運轉虧為盈。

匆匆，三年半的時間過去了。部方對楊總領事的工作很滿意，部令調回部升任歐洲司司長。

歐洲，除了梵諦岡外，我們沒有邦交國。

但是，我們和歐洲的實質關係還算良好。

在三年的歐洲司長任內，楊榮藻率領全師同仁，努力提升我和歐洲的實質關係。

首先，民國八十五年，促成總統李登輝先生受提名為諾貝爾和平獎候選人。

其次，安排我外交部長赴歐盟外交委員會演講。

安排英、法各國外交部主管亞洲事務的次長來台訪問，促進他們對我國的瞭解，和加強雙邊實質關係。

安排我安全會議秘書長丁懋時和外交部次長李大維先後赴比利時和法國訪問。竟然促成了馬其頓與我建立外交關係，實為難得。只可惜，兩國邦交沒有維持多久！

促成歐盟來華設立辦事處。

致力協助我駐各國代表處向駐在國爭取外交待遇。如居留、免稅等。

一任三年，轉眼便過去了。由於楊榮藻的忠勤表現，部方升任他為駐中東以色列代表。

在中東，在四周都是阿拉伯人國家環繞之下，以色列，人口不過七百多萬。雖然備受阿拉伯國家的威脅，幾次以阿戰爭，以色列俱能屹立不搖，真了不起。

全球大約有一千四百萬猶太人。居住在美國的便超過五百萬。根據富比士雜誌統計，全世界前四百名富豪中，猶太人佔百分之四十五。在全世界的人口中，猶太人不過百分之三。富豪比例卻如此之高！以紐約各大學教授來算，猶太人教授佔百分之二十。諾貝爾科學獎得獎者，猶太人佔百分之三十。或者是美國得獎者的三分之一。筆者在南斐共和國任事之時，當地大律師、大醫師、大珠寶商，猶太人都佔很大的百分比。兒女們讀約翰尼斯堡的金山大學（University of the Witwatersrand）醫學院，他們的同班同學大都是猶太人。

德國人自命是最聰明的民族，而猶太人的聰明卻讓德國人害怕。所以，二次大戰前，德國統治者希特勒大事殺害境內猶太人。是以，以色列雖係七百萬人的國家，要同他們打交道，沒有過人的機智，沒有鍥而不捨得精神，是難有成就的。

楊榮藻任駐以代表，首要的任務，外交方面，他努力提升兩國間的關係，促進兩國外交部高層官員的互訪。軍事方面，恢復兩國的軍事諮商會議。加強兩國軍方交流，獲得以方同意我組團赴以實地參訪軍事基地和設施。甚至他們的軍演。

首先，我主管中東業務的外交部次長訪以，成果豐碩。在楊大使積極策劃之下，促成以國國會成立了以台友好小組。

經濟合作方面，楊大使促成我經濟部長林義夫訪以，以副總理接見，正式邀宴。盛況且引起中共駐以大使抗議。

此外，楊大使還致力提高我代表處在駐在國的待遇。如代表處可簽發簽證、同仁享受外交免稅進口生活必需品等。

在無邦交國家辦事，限制多，楊大使一再提醒同仁，要知己知彼，要務實，要低調。凡事全力以赴，爭取成功，不可張揚。以免功虧一簣。

匆匆，四個年頭過去了。楊大使已屆六十五歲，光榮退職。自民國五十五年進入外交部工作，九十一年退休，足足在外交崗位上奮鬥了三十六個年頭。他的工作座右銘是：事在人為，全力以赴。心安理得，俯仰無愧。

楊大使民國二十七年三月九日生於江西省瑞金縣。一九六一年畢業於國立政治大學外交系。六五年獲得碩士學位。畢生從事外交工作，以正直、謙和、忠勤，為同輩所讚譽。他的「事在人為、全力以赴」——鍥而不捨的精神，尤為同仁所敬仰。

三、其他大使

在我深知的同輩大使中，賢能者甚多。茲略舉數位。

林尊賢大使，出身台中望族。台大政治系高材生，精通中、日、英、西等數國文字。曾同時身兼駐三國大使。其任亞太司長時，建樹尤多。

黃傳禮大使，台大高材生。為人謙恭有禮。遇事鎮定，不畏艱辛。凡遇難題，他總能條理分明，細細說明。予以解決、極富智慧。

潘明志大使，沉靜寡言，言必有中。他任駐阿曼代表時，和王室相交甚厚。他甚至說動阿外長訪問台灣。我任亞西司司長赴中東視察。他安排我住入阿曼政府最高賓館Al-Bustan，係海灣高峰會各國元首外長居停與會談之地，且一切開支由阿外交部支付。在無邦交國，我竟成了他們外交部的貴賓。

李宗義先生。宗義兄係獨生子，為了侍奉父親，他放棄外放機會，從荐任科員爬到簡任到頭，一直追隨好長官錢君復先生。他的尊翁，因為有了孝子，遂能安享高壽一百零六歲。部中同仁，每一談起他對父親的孝，對長官的忠，無不豎起大拇指。

四、半路出家的外交官仉家彪

最近，高凌雲在聯晚上以〈當年，他們在外交火線上〉為標題的一文中說：中華民國走過風雨飄搖的一九七〇年代，到今天仍然屹立不搖。從駐美大使館舊通訊錄，看到了許多不為人知的故事，如果不是派駐大使館的胡旭光、馮寄台、鄧申生、程建人、仉家彪等人，在美國國會打開了局面，台灣當前的安全情勢可能大不同。後來的李大維、沈呂巡，也繼續強化了對美關係。

高氏所列舉各人，大都是外交界的菁英人物、職業外交官。但仉家彪卻是由海軍總部聯絡官室上校主任外調外交部，以駐美大使館一等祕書名義，參加國會組的。

仉家彪，上海人。十七歲以學兵身份派到英國皇家海軍任水兵。兩年後，隨英國贈給我國的巡洋艦重慶號回國。三十七年入海軍官校，四十一年畢業後，又派赴美國接受兩棲作戰訓練。回國後，在海軍兩棲訓練司令部任中尉教官。四十七年參加八二三炮戰之役，其後任聯絡官，民國六十年赴美，投入駐美大使館新成立的國會組工作。

國會組的主要工作，是聯絡參眾兩院的政員，和他們的機要與行政助理。交際應酬之外，還組國訪告。

在加入外交部工作之前，家彪還曾辦過外職停役，到經濟部任部長的英文祕書。部長是陶聲洋，旋即換了孫運璿，由於家彪國會組成績斐然，雖然他以於民國六十七年申請退休獲准，但已升任行政院院長的孫公和外交部都沒忘記他。中美斷交，大使沈劍虹下旗回國，政府派楊西崑次長赴美辦理後事，孫院長面諭由外交部再請家彪兄出差去華府協助，數年後參議員孟岱爾選上副總統，外交部又因事派家彪赴美活動。因為，外交部知道他和孟岱爾兩的交情不錯。

第二部　寬容及其他

壹、前言

西方人常說：「犯錯的是人，能寬恕的只有上帝。」

這是說寬恕乃是一件非常不易作到的事。

趙匡胤陳橋兵變，黃袍加身，篡奪了後周的天下，因而他認為手下的大將們都可能像他，只要一旦得到部下的擁戴，便會奪他的皇位。他設宴宴請諸節度使等大將，告知他們，他繼承大統之後，日夜不得安心。宴後，諸大將紛紛告病、告老，回鄉去了。這是有名的「杯酒釋兵權」故事。

依照宋太祖的說法，歷代忠臣孝子都不存在了！

有些人就是相信：別人一定會作他願作的事，不相信別人會作他不願作的事——這種想法是不正確的。

嘗讀《宋史．王旦傳》和《宋賢事略》，王旦任宰相之時，寇準任樞密使。

有一天，相府有一個公文給樞密院。堂吏不小心，把公文上的大印給蓋倒了。寇萊公把那一件公文特別帶到金鑾殿呈給皇上看。而且還告了王旦一狀。說：「王旦御下太過鬆慢，是以造成這種把大印倒蓋的事故。」皇帝聽了，龍心不悅。叫來王旦，不免訓斥了幾句。而且要將所有失職的堂吏予以罰俸的處分。

王旦回到相府，召集承辦的堂吏。他沒有發脾氣罵人。而是和顏悅色的對他們說：「你們一時不小心，把公文上的大印給蓋倒了，寇大人把我們的公文呈給皇帝御覽。皇上把我叫去說了幾句。都怪我疏忽，害得大家要被罰俸！真不好意思。」他把過錯攬在自己身上。只口口聲聲的說：「請你們以後務必小心，要小心。不要再出錯。」

他沒罵人。承辦的堂吏們卻都覺得羞愧難當。自己被罰俸，那是罪有應得。害得宰相被斥責，真太不應該了。大家都低下了頭。

過了不到十天，湊巧樞密院給相府的公文也把大印蓋倒了。堂吏們發現了，如獲至寶，莫不欣喜萬分。都想：「這一下也可以給寇某人難看了！」於是他們聯袂向王旦報告，請王旦立刻去見皇帝，也告寇準一狀。

王旦心平氣和的說：「當日寇大人告我們的狀，你們喜歡嗎？」

大家都說：「當然不喜歡！」

王旦說：「你們不喜歡旁人在陛下前告我們的狀，為什麼卻喜歡要我到陛下面前告別人的狀呢？」

眾堂吏不敢哼聲。

王旦說：「你們都讀過《論語》吧？」

大家點點頭。

「孔夫子說：『己所不欲，勿施於人！』難道你們都不記得？」

大家又不敢出聲。

「孔夫子又說：『學而時習之。』學了，時機到了，便要予以實行。不是嗎？難道『論語』是讀來好玩的？」

「還有。」王旦繼續說：「你們認為寇大人的作法是對的還是錯的？」

大家又異口同聲說：「當然是錯的！」

王旦正色說：「你們既知道這種作法是錯誤的，你們為什麼要你家相爺也去作錯事呢？」

眾堂吏這才發現了自己的錯，又都低下了頭，不敢哼聲。

於是王旦把那件公文放在一個公文封中封好，要一名堂吏把那封公文交到寇準手上。

次日上朝，寇準見到王旦，很不好意思。囁嚅著說：「年兄好度量！」

我從小就在父親和陳老夫子教導之下，熟讀「論語」。略識忠、恕之道。讀了「宋史」後，對於王旦的作為，「雖不能至，而心嚮往之。」我心性笨拙，有時說話，無意間開罪他人而不自知。當這些人無情的諷刺我、背後對我使壞，我總認為：「無風不起浪」！不要計較，未許不是自己無意間開罪了人家而導致的結果。我下面舉幾個實例。

貳、實例

一、終生落魄一公使

我追隨過的一個館長，T君。其人待人非常刻薄。而且貪污、無恥。他沒有傭佣人。我們有一個小女兒，若無佣人，我們夫婦便無法參加外交宴會。不得已僱了一位。但館長不願意，硬是把我們的女傭要去替他工作。一週之後，他以「此人不懂規矩」為由，把她給解雇了。我們卻也不敢再僱佣人。

又如，我從小養成習慣，一早六時半起床，七時半早餐，九時半上大號。館長認為：我每天九時半上大號，用館中的水，目的在節省自家的用水。心思大有問題。因此，我只好九點半回家大號，之後再回館工作。

館中沒有司機、沒有工友，沒有僱員，但每月報銷表中，卻全有列名。他把我的圖章要去，蓋在「經手人」欄中，而後呈部。外交部規定館費的美金支票，需要館員副署，他把我的圖章拿去，蓋在一本本空白的支票本上——如何支出，我根本不知。

有一次他出差一個月，他臨離開前，交代：第一，不要碰館車。第二，能不用錢，最好一錢莫用。等他回來再處理——我真的一錢不敢用。

二十個月後，我調走了。

這位仁兄不久也調走。而且再也沒作過館長。

有一次，我陪同楊西崑次長出差。在車中，他對我說：「某人沒升大使，他怪你在我面前說了他的壞話，打了他的小報告。我對他說：「劉某從沒在我面前提過你一個字。至於同仁誰能作大使，部次長的眼睛都是雪亮的！」」

但此公不相信，他也認為：人不可能不作他會作的事，而作他不可能會作的事。

我任司長之時，他從外館調部，職位是十三職等公使銜參事。竟分在我司裡工作。

由於他曾是我的館長，我已作過一任代表（簡任十四職等）但我對他還是滿尊敬的。有事，我會到他座位前向他請教。

有一天，部方派某次長到一阿拉伯國家任大使，這位次長以不識阿拉伯語且以和中東從未接觸過為由不應派。

突然，T君得知此事後，竟來司長室向我告狀：他說：「聽到嗎？這位次長以不懂阿語為由，拒絕赴某國！若同仁都像他，我們部裡還有規矩嗎？這樣做是不是太過份？」

我說：「這樣當然不可以！」

然後，他由四樓特地爬到五樓某次長室告狀。說：「劉司長見人就大罵你不應派赴某阿拉伯國。因為他是司長，司裡同仁都附和他！」

這位次長信以為真，把我找去質問。我再三解說。最後總算以道歉了事。

我從未對任何人提此事，只是答了T某人一句話而已。向次長告狀的，當然只是他。我當時想：如何說穿事實，三人對質。但他曾經是我的長官，場面將多麼尷尬？而且他已屆退休之年。昔日對我，盛氣凌人。今日反作我部下，一輩子升不上去，也夠窩囊了。既然事已解決，且讓他過去算了！為了替T某留面子，我不願把事鬧大！

二、損人利己

我代理館長時，有一館員，當地工商部一司長和郵政總長聯袂到我辦公室，向我告狀：說：「他每月利用外交免稅特權進口若干個包裹，住家裡擺攤子，賣衣，鞋、小收音機等等物品。上面長官很不高興。」

我一時想不到對策。我說：「口說無憑，你們給我一封信說明，他近幾月每月進口包裹數量，賣某些東西的情形。我好報回國內。」

我這是緩兵之計。

結果工商部司長給了我一封信。郵政總局也給了我一封信。我當然沒報部。兩封信至今還保存在我銀行保險櫃裡。

不久，我受調回國。事情也就不了了之。

我離館時，館中有一筆「公積金」，參仟美元。乃「不法之財」。兩位館員中的甲君向我說：「這筆錢若報上去，對原館長名譽有損，何不我們三人分一分，一人一千元，抹去痕迹，豈不是好？」

我不同意。我把錢寄回部方互助金委員會，由主任委員李善中先生處理。他們二人很不高興。聲言要抵制我，不和我合作。

參千美元，以當時官價，一比四十，可換十二萬台幣、（黑市還不只四十）我當時訂購忠孝東路四段的凌雲大廈一單位，五十建坪，（實坪數），每坪只一萬一千元上下。十二萬元可購得十坪左右，以目前一〇八年的價格來算，要合近千萬元呢！

甲君調部後，沒大升遷，他一心認為我在長官面前說過他的壞話——我從不作這種背後告狀的小人行為，他不信。因此，他拍上一位次長的馬屁，成為那位次長的死忠。這位次長台大比我晚一班，而且我們同住第四宿舍三年之久。一直很要好。但浸潤之譖，膚受之愬，使他遠離了我。我任駐泰代表，代表處經常受到莫名其妙的打壓。

有一次，我返國述職去見他。談完話，我正要離開，他忽然問我：「你如何開罪了某甲？」我說：「我不知道。我從沒作過對不起人的事！」他笑笑。

我還是由泰國升為特任代表到約旦工作。我留下的那兩封信，日內也將燬去。

為什麼人相信他會作的壞事別人也一定會作、他不願作的好事別人一定不會作呢？

三、楊西崑

楊西崑次長帶陳泉生科長訪非經過南斐約翰尼斯堡，我時為駐約堡總領事館副領事。那天是星期六，他們只停半天，而後他去轉機。泉生兄要我安排找珠寶公司派人拿幾粒一克拉鑽石供他選購。像這樣鼻屎大的買賣，哪一家大公司願意作？我當時年輕氣盛，找我們總領事館名譽法律顧問凱資先生幫忙，介紹去見他堂兄弟約堡最大珠寶公司凱．魯公司（Katz&Lurie）的總經理Isae Katz先生，承他一口答應。結果泉生買了一顆，約一千美元。（我當時月薪不到五百元。）第二年他們二人又來約堡。誰知他竟向次長說：「在台北，他把鑽石拿到珠寶店估價，只值五百美元。其中，一定是劉某作了假，騙他的錢。

楊某居然想也不想，便信以為真。對陳以源總領事說：「此人無恥，怎麼如此惡劣？」

陳公說：「不可能。」

楊某說：「人心叵測，誰不愛錢？」一語道破。什麼樣的人便有什麼樣的想法。

陳公說：「第一，劉某開自己的私家車到三保護地出差，既不報出差費，還自己貼錢請三地人士到家中吃飯，從不報公費。第二，南斐的凱魯公司，有如美國的第凡尼香港的周大福，他們不可能為區區一克拉的鑽石買賣作假。第三，華僑李氏兄弟開修車廠，他們請劉某為他免稅進口一台法拉利，由他們出錢，兩年後把車還給他們，他們再送劉某五千美元。劉某認為：雖合法，卻取之不義。雖然五千美元是他一年多的薪水呢！但劉領事不同意。由這三點判斷，劉某不可能為了幾百美金出賣人格！」

但楊某不相信。因為，潘金蓮不相信婦人不偷漢子！

結果，我陪楊去了波札那，內定繼任總領事隨楊來南斐的羅明元先生陪陳泉生，帶了鑽石、發票、和保單到凱魯公司，（羅曾在約堡任過領事，頗明行情。）結果證明那顆鑽石確是該公司所持有的Ko-I-Noor品牌。成色、發票、保單全真。該公司經手人員說：「假如你後悔，可照原價退回。可今年的價錢比去年漲了百分之七。」

那位陳大科長大為高興，不但未退貨，而且又買了一顆。後來楊某弄清楚了，只說了一聲：「陳泉生這個糊塗蛋！」

這是侮辱我的人格。

史瓦濟蘭獨立慶典日，當晚燃放我國購送之煙火，經手購買英國煙火的是劉某。

節目才開始數分鐘，我國慶賀特使楊西崑便認為「太差勁」，隨即離去，到了旅館，立刻吩咐隨行的總領事羅明元打電話給二十八公里主持中華民國展覽館的我。予以面斥，因為節目太差，把我們中華民國的臉丟盡了！

煙火節目完畢之後，特使們都回到旅社。英、美、法等大國特使敲楊特使的房門，向他祝賀：「從未見過這麼精彩的煙火！」

楊某覺得不好意思，立即要羅總領事打電話給我，要我到旅館去一同吃晚飯。我立予推辭。但總領事再三勸說，我只好去了。但餐桌上，我只埋頭吃飯，不發一語，表示憤怒。

這是懷疑我的辦事能力。

我在新設南斐大使館任參事，楊西崑以特使身份來訪。我安排他住進南斐從不許非白人進住的國家賓館。事先，我還曾私下打點賓館主任兼大廚的法裔斐人米雪先生。我第一次外放北非茅利塔尼亞，在那兒，說了兩年法語。是以，我特地以法語和米雪先生交談。
那天中午在賓館用午餐之時，我特地把米雪先生找來跟我們特使見面。楊西崑突然說：「米雪是名，不是姓，你不要把人家的姓搞錯了！」當著特使團員和大使館員的面，我不覺突然脾氣上來了。我說：「我的法語不行，您的隨員邱榮男兄法語好，請他問一問。」
他當然姓米雪，叫比葉勒。
這是他懷疑我的語文能力。我當時便嗆他：「我認識他很久了，他不可能叫米雪，米雪是法語女人的名字。」
說完，我轉身便離開了。
回到外交部，雖然我到南斐才一年幾個月，楊西崑變戲法調我去中美尼加拉瓜。讓我離妻別子，而且經濟上損失慘重。其實，他作了一九年司次長，整整打壓了我十八年。
我在泰王國任代表，楊西崑已退休。一天，他和梁董事長——他的紅顏知己，經過曼谷。同仁有人建議：「他對代表那麼差勁，不要理他，讓他沒面子。」
我說：「寧可他不仁，我們不要不義。」

我還是在傳統俱樂部擺了一桌酒席請他倆口子。席間，他很少說話。倒是梁董事長滔滔不絕，講特異功能。

宴畢，他對陪客的外交部同仁說：「你們代表是作事的。」表示：「他只會作事，不會作官！」

四、投桃報李

有一年我經過洛杉磯回國，駐洛城總領事張炳南兄，是台大晚我一班的同學。他招待我，機場接送，餐館吃飯。我任駐泰代表時，炳南兄寫信說他太太要到曼谷，要我替她訂旅社。我和內人商量：「一個婦人家住旅館，不方便，代表官邸佔地近千坪，套房多多，我們決定讓她住官邸。」結果，張大嫂和另一位太太來，我們招待她們住官邸。

投桃報李。我認為這才是人與人相處之道。

我經過紐約，駐紐約總領事和我高考同年，進部時同科辦事三年。我去拜會他，他甚為冷淡。他退休後到泰國探親，我時任駐泰代表。我擺酒席請他，外交部同仁作陪。我甚至提供一輛座車供他使用。我認為這才是正確的作法。我從不斤斤較量。或許，就是因為如此，我才能一直爬升到特任職位的吧！

參、雜記

我四十年外交生涯中值得回憶的事

1.連絡英屬南非三殖民地

民國五十五年，我在駐南斐約翰尼斯堡總領事館任副領事。總領事是陳以源先生。有一天，外交部給我們一個指令，要我們和巴斯托蘭、貝川納蘭和史瓦濟蘭三地聯繫，打交道。俾三地獨立之後，能和我建交大使級外交關係。當時，我是館中首席館員，下面只有四名主事。於是總領事責求我全權處理。

古人說：「渴者易為飲，飢者易為食。」南斐白人政府歧視人種，不把黑人當人看。我和他們平起平坐，且都他們的領袖表現出十分尊敬的態度。三地要員經約堡搭機出國，機場接送、照料，都由我包辦。我和他們打成一片，稱兄道弟。最後三地獨立，居然全和我國建立了外交關係。

（此事經過，我在拙著《外交官列傳》中已有詳述。此處不贅言了。）

2.兩度接待總統出訪

我在曼谷任駐泰王國代表，安排上國會議長瑪律．汶納伉儷率同議員十人及隨從二人訪台。之後，我們成了好朋友。我之所以邀議員，因為泰國政府採內閣制，今日議員，明日可能是內閣閣員——部長。

民國八十二年初，瑪律議長風聞我總統有訪印尼度假之行，他透過他的親信劉文龍對我說：「他願請總統伉儷到泰國度假一週，費用由他負擔。」

聽到了劉文龍的話後，我頗為高興，正準備電報呈部，忽接部電，略以次長房金炎兩日後來泰見泰國務院第三副院長林日光氏洽公。亞太司司長鄧備殷同行。我心想：正好，等房次長到泰後面報，豈不更為保密？

原來，房金炎到曼谷的目的便是見第三國務院副總理林日光談總統訪泰一事，全部事情是我國財經大老辜濂松接洽妥的。

房、鄧安排妥當。第一日，李總統一行專機到普吉島，當晚林日光晚宴。次日高爾夫球敘。第三日飛曼谷。中午國務院長川呂沛宴。晚離曼谷回台。

結果，院長宴因中共大使抗議而取消了。我事先安排好，由國會議長午宴。（國王宴客，議長位置排在院長之前。）又安排上當晚到王宮晤見泰王。要不然，場面太尷尬了！

我由泰調往約旦。到任不久，我安排總統四十人團訪約。一、具邀訪函者為約旦王儲。二、居停王宮中。王儲接送機、宴會。三、參院院長午宴。四、觀光。五、皇家侍衛維護安全。六、前空軍司令中將任榮譽侍衛長。七、一切費用均由約方負擔。

較之在泰，真有天淵之別。唯一遺憾是二約方擬定訪期為二月二十八日至三月二日。我方以李總統二二八要主持紀念碑開幕，改為四月一日起。其時，約旦國王胡笙要到美國接受癌症化療，故未能見面！

3.在史瓦濟蘭獲得殊遇

一九六七年，我在駐約翰尼斯堡總領館任領事。由約堡開車到史瓦濟蘭，夜宿高原景旅社。我到墨巴本（史瓦濟蘭京城）的目的是和史方談我派遣農耕隊的事。

第二天清晨，史王連絡官沙其瓦約和勒辭酋長兩人來旅社和我共進早餐；餐後，我和沙其瓦約坐史國王宮的禮車，由墨巴本駛往落班巴王村晉見國王。一路輕風拂面，花香襲人；路邊偶爾有一兩位土人，都笑著向我們打招呼，車程不長，十幾分鐘便到了目的地。

到達王宮之時，老友馬可西尼・查米利親王在二門下車處相迎。其時史國雖未獨立，卻已成立了自治政府，馬可西尼親王為首任總理。

跟隨親王到國王會客室，國王穿著史國傳統服裝，在會客室門口相迎。國王年近古稀，白髮蒼蒼，鋪滿皺紋的臉上披上一層慈祥的笑容，令人肅然興起尊敬之思。我那時年紀剛過三十，職位是領事銜副領事，這種場面使我有受寵若驚、賓至如歸之感。

會客室大約只有八坪大小，中間一張大沙發，兩旁各有一張較小一號的沙發；國王坐正中，總理坐左手邊，筆者居然賜坐國王右手邊的沙發上。有三位內閣部長——一位是教育部長，其他兩位是什麼部長，記不起來了。

寒暄之後，幾位公主跪著進來，獻上紅茶和點心。我們一面吃喝，一面商談我派遣農技團駐史的事，大概前後約一個小時左右才辭出。一個小領事能獲得友邦如此的接待，可能是空前。

4.巴蘇托蘭國王先向我鞠躬

一九六六年十月初，我應邀到巴蘇托蘭參加他們的獨立慶典。依規定，每一派遣特史國只一人參加慶典。我國特使是楊西崑。巴蘇托蘭、貝川納蘭和史瓦濟蘭三個南非的英國殖民地，我自一九六四年初便承總領事命和他們打交道。三地政要，我和他們稱兄道弟。所以，他們獨立，都口頭力邀我去參加他們獨立大典。

巴蘇托蘭獨立為賴索托王國慶典的當晚，有一個舞會（State Ball）。但除了牙買加特使為女性外，其他特使都是男生。會場女性還有王后、總理夫人和外長夫人。大家都覺得很窘。

忽然，一名衛士都會場向我報告說：「閣下，外面有一名金山大學教授布勒金博士帶了兩名助教小姐想進來見您，可否讓他們進來？」

我說：「太好了。只要你們認為可以，我歡迎他們！」

布勒金的兩名助教是姊妹二人，華裔。中文姓忘記了，姐姐叫Gloria妹妹叫Grace英文姓Luckson，都是二十剛出頭年紀。

國王莫削削二世，才三十左右。他迫不及待，第一個向我借舞伴。他走到我桌邊，先向我一鞠躬。我立即起身還禮。

國王向一國的領事先鞠躬，這可能也是破天荒的事。

5.泰王賜宴

一九九三年，我任駐泰王國代表。

有一天，王宮來電話，說泰王與王后要賜宴我與內人。地點在清邁王宮。當時，內人在國內探親，我只能單獨赴宴。王宮方面表示「了解」。

同時，受邀的還有我泰王山地計劃連絡人張紹民和駐泰農技團團長宋慶雲和技師兩位。

我搭早班飛機抵清邁。紹民兄和宋團長等在機場迎候。傍晚六點半左右，我們一行五人，乘坐農技團四輪傳動的吉普車上山，直奔王宮，七時左右抵達。

我們被安排和五位日本客人同坐。這一批日本客人之中，只有一位年紀較輕的略懂英語。當我們閒聊之時，我自大學畢業以後從來沒有使用過的日語居然也結結巴巴的派上了用場。

八點欠十分，全部客人，包括外賓和泰國官員，大約有七十多、八十人，由禮賓官引導齊集大廳，恭候國王和王后蒞臨。

泰國官員之中，我僅認識國務院副院長兼內政部長操華力上將、警察總監沙瓦上將等。操華力上將任最高統帥時我們便認識，彼此都邀宴過。沙瓦警察總監任副總監時曾邀我吃過飯，他由中將升上將，我也特別請過他，還有就是國王的堂兄弟畢沙第蒙兆（親王）。他是泰王山地計劃的實際主持人，我們來往很密切。

八時半整，樂隊演奏「奉聖曲」。國王和王后蒞臨。大禮官一一介紹賓客晉見。對於泰國官方官員，國王和王后只受禮。對於外賓，國王才伸出手來握手寒暄。我晉見時，畢沙第蒙兆特別向國王介紹說：「這位劉先生是來自台灣的中國大使。」

九時左右，宴會才正式開始。長方形的主桌共設有十四個座位，國王和王后分坐兩端。國王的右手是副總理內政部長操華力上將，筆者坐在操上將的右手邊，王后右手邊是一位女賓。

除了主桌是由侍者上菜的正式晚宴外，其餘的賓客六十多人，都是自己動手拿菜，吃自助餐。我的同事張顧問、三位農業專家，還有大陸的張「總領事」夫婦也是。

泰王是一位多才多藝的君王，他不但能玩好多種的樂器，而且自己作曲。他也是有名的業餘攝影家；又十分健談。宴會剛開始，他從西裝口袋裡掏出一本裝有剛洗好相片的相簿，第一張相片是一大片鋪滿了又濃又厚的綠草的草地，他問坐在他左側的那位貴賓（據操華力上將告訴我，那是一位冰島人，是糧農組織ＦＡＯ的特使），那是什麼草？再問操華力。兩位客人都說：「不知道。」泰王帶著一臉微笑，又問我，我說：「那是紫花目蓿（Alfafa），既可作水土保持之用，又是好草料，養牛羊最好了。」

國王大為高興，稱說這批草是最近由畢沙第親王特地從台灣引進來的。於是他講解這種草的優點，包括種植容易、生長快速，既是上好牛羊飼料，對水土保持尤其良好，他正準備要將這種牧草在泰國大大的推廣，在某些地區，政府財力不足，他將自掏腰包挹注。一講便是個把鐘頭。

王后提倡泰國傳統工藝品。她拿了一大堆純銀鑲鑽石的首飾盒、雪茄盒、菸盒、藥盒等，供大家欣賞。泰人是勤勞的民族，這些手工藝品已融合了傳統技術和現代科技方法，設計好、手藝好，而且實用性高，頗有可觀，也是王后提倡工藝的成果。

就這樣，一頓二十多道菜餚的晚宴圓滿劃上句點，時間已是清晨一時半。大家起立恭送國王和王后離去，然後也紛紛驅車回家。

肆、益友

一、陳鈞

民國三十四年元月，我虛報了兩歲年紀，自稱十八歲，考進設在閩北邵武的陸軍衛生勤務訓練所三分所軍醫速成班第六期學軍醫。當年九月，日本投降，我們同班學員近百人，到年底，訓練所結束，我們雖然只剛剛學完前期醫學，卻提前拿到一張結業證書。訓練組改組為南昌陸海空軍總醫院。同學們都以少尉階級分發下部隊任醫官。第六期和比我們多學了半年醫學的第五期同學，各挑選出四位成績最好的，留在改組的醫院中任少尉助理員。第五期的有江鏡忠、劉海駿、王章壽和俞蘭聲。我們六期的有我、陳銘生、干正權和陳以時。我們待命了好幾個月，南昌總醫院沒有成立，我們全班人馬由邵武而南昌由南昌經九江坐船至南京，接收了座落於南京郊外湯山的日本人建的軍醫院，正名為南軍總醫院。又更名為首都陸海空軍總醫院。院長劉經邦少將，原是我們訓練分所的主任。各部、科主任、主治醫師、總醫師、專科醫師，原都是我們的教官，大都是知名大學醫學院畢業的。據我所知，似乎沒有一位是軍醫學校出身的。同學們都分配到檢驗、藥房和護理部工作。只有我，因為我結業時每一科成績都是一百分，教官們認為我「孺子可教」，把我分配在六病房，在主治大夫賈友三上校監督之下，任助理住院醫師。我和江西醫專畢業的上尉醫官黃孝寶，負責六病房一百個左右傷患的治療工作。

我天性比較保守。每日上班、休息。作一天和尚撞一天鐘，完全沒有突破環境，開拓將來的打算。

但我們同學中，只有陳銘生和江鏡忠，他們都有奮力上進，開創未來的想法。首先，陳銘生鼓勵大家讀書，以謀進修。他非常努力讀英文。

三人中，我的英文底子比較好。我唸過南昌一中高二。我教銘生讀開明初中英文。林語堂著的課本，一個月，他能讀完一本。三個月，讀完了三冊。來台後，大學畢業，銘生曾留在補習班任英文老師，非常賣座。這是後話。

鏡忠特地找了一位中央大學中文系研究所學生教國文。

三人之中，銘生頭腦最好，反應快，口才尤其好。而且親和力強，擅於交朋友。他追隨皮膚科主任練醫生（名字忘了）為護理員。他不但和練大夫相處甚得，對於院中稍有往來的同事，如：護理長、一些住院醫師、管錢的軍需官，管被服補給的事務員等，都能相處得非常融洽。鏡忠則自視甚高，自認將來一定能出人頭地。三人之中，我最笨拙。口才尤其差。

民國三十八年初，國共內戰，徐蚌會戰失利，我們醫院先遷廣州，再來台灣。大約是六月，我們定居高雄，成立第二總醫院。

同年，我們三人——陳銘生改名陳鈞，江鏡忠改名江凌，一起以同等學力報考台大——當時台灣唯一的一所大學。我和江凌考取了政治系。陳鈞卻落了榜。

我們考大學，有的長官罵我們不安份。但我們的院長景凌壩少將，卻對我們嘉勉有加。我是十月初向醫院辭職的，景公知道我隻身在台，一直到十二月他才批准辭呈。多給了我兩個月薪水。（若干年後老同事們談起，當時軍需蕭候桂說：「那兩個月薪水是景公自己掏荷包給的。」

要從高雄到台北上學，第一，在台北沒住處。第二，每月伙食錢如何籌措？

我找到一總院院長楊文達博士，他原是我們衛訓所的教官，又曾是我們南京總醫院的副院長，他批准我以助理員的名義，到一總院任夜班護理員。我既解決了住的問題，又有收入，可說吃、住都有了著落。我在一總院作了四個月夜班，而後，二年級時申請到宿舍。第四宿舍。我才辭去夜班，一方面找家庭教師作，一方面拼命寫作，賺稿費維持生活。有一次，既沒有家教工作，又沒有拿到稿費。我曾寫信問尚在二總醫院工作的陳鈞要十塊錢，他沒回信。想必，我認為他可能也有困難，沒放在心上。

我唸三年級時，陳鈞終於也考上了。陳鈞同我一樣，隻身在台，舉目無親。四十一年十二月，我的一篇中篇小說「亂世家人」獲得張道藩先生主持的中華文藝獎金委員會的稿費壹千四佰伍拾元，我送給他壹百元零用。當時，一個上尉軍官的月薪也不過一百餘元而已。我是知道感恩的人。若不是他的鼓勵，我可能跟其他幾位同學一樣，待在醫院裡，既非醫生，也非護理師，混一輩子。

四十二年大學畢業，我選擇考入聯勤總部編譯訓練班。結業後，次年元月奉派到海軍任少尉編譯預官，代替兵役。

編譯官的月薪是照受訓時的成績核定的，由八百餘元起跳。我的月薪剛剛超過壹仟元，先在海軍陸戰隊跟一位美軍少校軍醫作同步口譯，向學員講解登陸作戰的衛生勤務。一個月後，回海軍總部連絡室工作。

我是過來人，知道窮學生張羅伙食費的痛苦。我對陳鈞說：「你只管好好讀書，我每月給你七十塊錢吃飯和零用。」因為，我曾聽說，他走投無路、借貸無門時，曾到台大醫院賣過好幾次血。

我一直供應他到他大學畢業。

二、葉愷

葉愷是政治系同班同學。

我讀一年級第二學期時，才配到宿舍——法學院第四宿舍。我住樓下，葉愷住樓上。

我為了賺伙食費，找零用錢，經常寫稿、投稿。一個月只要能賣出一篇，我的一個月的伙食就不愁了。

葉愷的功課並不是全班名列前茅的，但他很用功。

我們的宿舍是兩層樓木造房。從樓上下來，左手第一間是閱報室。室中有報紙，有一個由樓板上吊下的電燈座，卻永遠沒有燈泡。第二間是我和另外五位同學的臥房。

晚上，晚飯後，葉愷拿著一個燈泡——大概是六十支光的，他把燈泡裝上，打開開關，開始讀書。我拿了筆、紙、在長閱覽桌他的對面坐下來，寫小說，或者詩歌。有時翻譯英語短篇小說。雖然事隔一個多甲子了，我還記得，我曾翻譯了一篇，中文題名「坦克鬍子」的短篇，在當時「野風半月刊」中刊出。

但我們都各自用功。有時也略略談論功課。只要有空，我們每禮拜總有好幾晚都是在那間閱覽室中度過。彼此努力，彼此鼓勵。一直到我們畢業。他去鳳山受訓，我到編譯訓練班受訓。

服完預備軍官役，他去德國留學。拿到博士學位，討了一個德國婆子。在德國定居了。我進了外交部，國內國外的跑。四十年外交生涯，百分之七十，即二十八個年頭，都是在國外度過的。

我在部內任司長時，葉愷回國探親。他祖籍福建林森，經另一位同班同學也是福建籍的張豫生兄帶來外交部，我們相隔幾十年沒見過。但「歡欣如舊日，鬢髮各已斑」。談起往日換燈泡、挑燈夜讀的情形，不勝懷念。當即邀集到往年的老同學們，十來人聚了幾次餐，他才離去。

他在德國，好像開了間印刷廠。

我今年九十開外了，葉愷學兄已去歲多年。每想起當日的相處，總是愴然不已，懷念不既。

三、杭紀東

人的一生世，有時常為一句話、或一件事所鼓舞、或泄氣。尤其是在緊要關口之時。

那一年，杭立武先生，時任駐泰大使，回國述職。杭伯伯的哲嗣杭紀東兄，他和陳鈞同班，比我和江凌低兩班。他領我們三個去拜見杭伯伯。

陳鈞滔滔雄辯，對答如流。江凌信心滿滿，有問必答。我自認不如他們，規規矩矩的，謹言慎行，惟恐出錯。

後來我進了外交部工作。有一天和紀東兄一起吃午飯。他偷偷告訴我說：「記得那年我帶你和陳鈞江凌到我家見我父親吧？事後，我父親說：『他們三人，你多同劉瑛交往。江、陳兩位，前途有限。』」

杭伯伯的這幾句話，我終身難忘。因為這幾句話，讓我時時提醒自己要振作，不可怠慢。只要我在國內之時，我經常和紀東兄吃個飯，聊個天。

退休後，有一天，紀東請吃午飯，還有一位張旭成大使。就我們三人，席間，他又提起我和陳、江兩位去見他父親的往事。問我：「他們二人後來怎樣？」

我說：「江凌在新聞局作了一任科長，而後派到英國倫敦。三年任滿輪調，他領了差、旅各費後，便失去了連絡。陳鈞因為他，而到倫敦深造。到了英國，結果未進修，和妻子在倫敦定居。他的妻子是護士小姐。兩夫妻幾十年沒回國了。」

杭伯伯一直有能相人之名。經他拉拔而成名的政府官員，不在少數，不便在此提名道姓。

我今年九十，紀東兄也八十好幾了，我們還是時通音問。

四、李泉嘯

民國四十六年我進外交部工作。當時在台北，經常往來的大都是同學，而最多的是記者。中央日報的王嗣佑、徐君武、中華日報的甘立德、蔡文甫，電力公司的李泉嘯、李蘭亭和王元璋、尹之麟、美國之音的陳鈞，台灣保險公司的黃世平、法院的蘇士騰等。只有泉嘯，他和我們同屆畢業，同屆預備軍官。只有他不是台大的同學。

泉嘯兄「從一而終」，始終沒離開過電力公司，他的最大的長處便是親和力，而且「慧眼識英雄」。我四十年外交工作，二十八個年頭是在國外度過的。國內國外的跑，泉嘯卻是我們許多朋友之間的橋樑。

我說他「慧眼」，他看中的朋友，後來都成了名。當時大家都是衛玠乘車之年。後來都一一脫穎而出。像王亢沛，東海大學校長。王志剛，經濟部長。胡錦標，國科會主委。李再方，駐韓代表。李傳洪，薇閣董事長。還有好一些，名字一時記不起來了。

還有何景賢、朱婉清伉儷。

當時，大家都是青壯年。我們組織了一個狼虎會，狼吞虎嚥之意。經常有餐會，而泉嘯兄經常是總連絡人。

泉嘯兄安徽人，應該是皖北，口音接近山東。

他酷好詩詞，對於「隨園詩話」、「人間詞話」等書，尤其是情有獨鍾。他知道我從小愛背詩詞。有時，他會突然問我：「杜甫的詩，『今夜什麼州月』呀？」

「鄜州。鄜，讀夫音。」

我很會讀書。但作人處事的缺點太多。

我最敬愛泉嘯兄的是：他把我當親兄弟看。我的一言一行，只要有稍過之處，事後他會一一指正。「他山之石，可以攻錯。」真沒錯。我初離學校時，身上很多刺，都被泉嘯給磨光了。

我所有的益友中，最能指正我錯誤的，他和陳鈞做得最多。

我年近古稀之時，三度上電辭職。終獲批准。回國退職後，我和從南京總醫院來台的同事們還經常聚餐。每月一次。後來，我把泉嘯也納入。南京同事，年事都高，人數年年銳減。最後只剩下四五人。於是我又把在海軍服預官役時的同事鄭鴻武（現是幾家公司的董事長）和後來轉到外交部工作的仇家彪上校納入。我們每二月聚會一次，輪流作東。

但在去年，民國一〇七年，泉嘯兄以九十高齡，病逝台北。想起他滿臉誠懇規勸我的動作，眼睛便會不自主的流下懷念的眼淚。

五、蔡文甫和施魯生

民國四十年三月，中國文藝協會辦理「小說研究班」，我報名參加。經甄試及格，同時錄取者，共三十六人。上課共兩百五十小時。外加每週兩個小時的分組指導。歷時半年。結業的，共三十人。一共辦了兩期。

我們第一期同學，大都是大專畢業生。只有我，還在台大讀二年級。同學中已成名的作家，如水束文，本名吳引漱。他的《紫色的愛》已出版，曾轟動一時。如施魯生，筆名師範，當時是文藝半月刊「野風」的創辦人之一，有多篇長、中篇小說問世。他民國三十六年南京中央大學畢業。畢業後分配到台糖公司工作。

魯生兄一口略帶南京味道的國語，為人正直、熱誠。基於他的鼓勵和勸誘，我開始向「野風」投稿。賺取生活費。經過一個甲子多年後，已記不起寫了些什麼，刊出了幾篇。但我印象是最深的，是曾翻譯過一個叫〈坦克鬍子〉的短篇。曾在野風中刊出。

大學畢業後，我服完預備軍官役，進了外交部工作。國內國外的跑。但和舊時一取窩在台北女師附小教室中攻研小說的一些學長們，從未失去連絡。在中華日報任副刊編輯的蔡文甫兄，經常問我要稿。

文甫兄天才橫溢，善於經營。他創設九歌出版社，業務發展迅速，不久即擠身國內出版界的第一列。由於他的鼓勵，雖然眼高手低，我還是為華副寫了好一些散文和小說。我在南斐約翰尼斯堡任副領事時，曾有一篇〈我的初戀〉在華副刊出，居然收到十來封讀者的投書，由文甫兄寄轉。

退休後，我已七十開外。幾位碩果尚存的小說組同學，張雲家、施魯生、羅德湛、張炳華、蔡文甫、周介塵，和我。我們還有時聚餐，同說「想當年」！

六、何景賢、朱婉清賢伉儷

我從事外交工作四十年，竟有二十八年多在國外度過。退休之後，發現許多好友都在國外。每次回到台灣，老友們聚會，全靠景賢和婉清伉儷連絡、邀宴。

在我眼中，景賢和婉清伉儷是人中龍鳳。他們好客，而能和他們往來的，都是一流人物。政界人士不說，像劉紹唐、卜少夫、無名氏等文化界翹楚，都是經由他們倆介紹認識的，而且都成了好朋友。年輕時，我們還組織了一個「狼虎會」，取「狼吞虎嚥」之意，經常聚餐。經常參加的有：胡錦標、王亢沛、李泉嘯、李在方、劉紹唐、湯紹文等多人。（我今年九十開外，記憶力差，記不全了。）

我任駐約旦代表之時，他們伉儷還帶了兒子到中東旅遊，在約旦和我們聚首。

伍、好同仁

一、我的十位科員

我進外交部工作，第一個職位是禮賓司第三科——護照科——的荐任科員。承辦外交、公務護照、國人再出國護照加簽、外人簽證和雙重國籍等事務。嚴格說起來，同「禮賓」完全沒關係。三年後外放，在國外一任居然待了八年，調回部，人事處命令出來，我又被派到禮賓司，任典禮科長。老實說：對於我這個由禮賓司科員出身的科長，根本不懂禮賓，只有邊作邊學。

我們司長吳文輝先生，有名的會挑科員。凡進部的新科外領官特考及格的人員，非經他法眼面試，他是不會收的。部裡有一句話，說：「吳司長挑科員，有如挑女婿！」

但經他鑑定的科員，確確實實都是非常能言善道、反應快捷、能力高強之輩。我當了三年典禮科長，還兼代過三個半月的交際科長。當時我手下的科員，當然都是經過吳司長千挑萬選的。可說個個都是英雄好漢、一等人才、個個都比我強。他們超過十位，分屬一科（交際科）和二科（典禮科）。但若有國賓來訪，有重大慶典時，一二科便不分，合署工作。

1. 黃瀧元

當時，吳司長最喜歡的科員有黃瀧元和柯士勇。黃瀧元大學唸的是西班牙文系。而在華設立大使館的以中南美操西語的國家居多。瀧元兄辦事，十分細緻，從不出錯。而且潔身自愛，勤於工作，勇於負責。所以司長喜歡。有事交給他辦，司長放心。瀧元先外放哥斯達黎加，後來教育部情商借重他去作文化參事，歷任總統府第三局局長、駐外大使、調部任常務次長。可說一帆風順。

2. 柯士勇

柯士勇大學修的是日語文，要到日本作大使，除非有特殊背景。所以，柯兄雖有任大使的能力，卻只作到總領事，亞東關係協會秘書長等簡任官。可惜英年早逝。

3.劉佳豐

真正屬於我典禮科的科員劉佳豐，畢業於台大政治研究所。其人十分聰明，文筆不錯，精於電腦操作，歷任檔案資料處處長、駐外大使。他頭腦冷靜，處變不驚。據同仁說：他在哥斯大黎加任三秘之時，雖然是初學，不幾個月西班牙語便說得很流利。他任檔資處長時，網羅部中退休的大使——都是部中的精英，編撰外交年鑑，審核舊檔案——何者可銷燬、何者應保存，何者可送國家檔案局，成績斐然。

4.張仁堂

張仁堂台大歷史系畢業後，留學土耳其，取得博士學位。他在禮賓司待得不長，便調升亞西司科長。我在泰國時，他任領務組長，其人不苟言笑，埋頭苦幹。海灣戰爭後，他任駐科威特代表。科油井多口被伊拉克放火燃燒，一時未能撲滅。居民蒙受煙塵之苦，不抽香煙，也等於每天抽了幾十根香煙。真難為了他。

5.侯平福

侯平福兄進部不久，我外放非洲。我對他第一眼的印象是：精力充沛，勇於任事。他歷任駐外大使，總統府三局局長，外交部常務次長。是外交部幹將之一。

6.莊訓鎧

訓鎧初進部之時，司中有一位主事對我說：「我看此人的相，將來一定任大使！」

我當時也感到，他的一舉一動，似乎有大將之風。果然，他從一名小科員，一路福星，爬到特任大使後退休。

7.詹秀穎

秀穎最重感情。那一年我落魄，由駐南斐大使館參事還不到壹年半，平調尼加拉瓜大使館參事。赴任途中，經過紐約。駐紐約總領事是我高考同年，且進部時一同在護照科作了三年科員。可能他認為我係開罪了當紅次長楊西崑，前途黯淡，我去拜會他，他甚為冷漠。我只和他寒暄了幾分鐘便辭出。秀穎時任駐紐約總領事館副領事，他深念在禮賓司時我們科長科員之情，熱烈款待，車進車出，實屬難得。

他最後二〇〇六年任駐索羅門大使。九月到任，十月初我駐索羅門技術團為四十多個匪徒侵入，搗毀車輛器具，洗劫一空。事後接到電話，他即不顧館員勸阻，驅車前往巡視，撫慰團員。並敦促駐在國警察當局妥為保護。

大家都認為歹徒是附近Burns Breek難民營中的難民所為。為求根本解決問題，詹大使親赴難民營打交道。

難民營沒醫師，他說服醫療援外團派醫生為他們看病。難民們無一技之長，無以謀生，所以才鋌而走險，他讓我農技團教他們栽培果樹，種植作物。難民生活日有改善，與我技術團隊人員成了好友。秀穎離任之時，難民們把他們營地中一條大道，改名詹秀穎（George Chan）大道。以作紀念。

8.錢剛鐔

剛鐔和秀穎一樣，曾兩次和我共事。我任亞西司司長時，秀穎任副司長。我任駐泰王國代表時，剛鐔任代表處顧問兼組長。

外交部好些同仁嚮往去美國。那一年，剛鐔任駐美代表處組長。他的尊翁一人在台，而且年事高，老人不免有病痛。剛鐔是獨子，老人家生病，他要從美國趕回台照料，費時太多。為了要就近照應父親，他寫信給我說：「寧願放棄在美國的美差，希望到泰國工作。兩三個小時便能回台探視父親。

我請求部方，部方長官頗能體諒，同意剛鐔調任駐泰代表處組長，而且加一顧問銜。這在部中，一時引為佳話。

剛鐔處事嚴謹，當時泰人多擬到台灣打工，泰女盼來台賣春。他們千方百計，找人說項，甚至想賄賂承辦人，想辦得來台簽證。由於剛鐔的嚴密把關，他們都不能得逞。

剛鐔後升任領事事務局局長，再調任駐印度代表。一生勉力從公，處處見珍。退休後，還經常到各大專院校講解禮儀。他的孝子的行為，也為同仁們所稱道。

9. 林金雄

金雄是考法語進部的。他比我幸運，他外派多在法語地區。我大學第二外文選修的是日語，第一次派出去是法語國家。而後在中美西班牙語國家待了三年。最後在約旦兩任共八年，泰國一任五年。前者是阿拉伯語國家，後者雖說泰語，好在華僑多，說廣東話和國語都通，日文學了三年，卻從來未派上用場過。

我作過三任參事。金雄作過三任副司長：亞西司、經貿司和總務司。他最後一任駐巴林代表，卻是阿拉伯國家。他不善嘮叨，說話簡單明瞭。為人誠懇、誠實。與人無爭。是一位實實在在的君子。

10. 曾奕民

曾奕民，在一般人的眼中，他是老實人，他是個可靠的人。

記得內人的二姐夫任台北電信局副局長時，有一天，他要我為他的秘書小姐介紹一個可靠的男朋友。我第一個想到的便是他。可惜，他們沒緣分，沒成功。

他是由寡母一手拉拔大的，所以，他也是有名的孝子。

另外，我們禮賓司當時還有兩位科員，一位李鈞玉，陸軍官校畢業，中、英、法文都不錯。他是典禮科科員。一任外放後，便在美國定居了，沒回來。另一名潘保基，香港人。吳司長不喜歡他。有一天次長蔡維屏的秘書外放，要吳司長推薦。吳便推薦保基。蔡公說：「此公幾個字我都認不出來！」但吳司長直誇：「他腦筋好，反應快，是作秘書的好人選。」結果，次長用了保基兩個月，而後把他下放到中南美司，最後派任去紐約，再也沒回來。

二、一絲不苟的林進忠大使

我任亞西司司長時，部內熟諳阿拉伯語文的同仁還不多。有一位公使定中明先生，他是我第一次外放時的館長。雖說他是埃及一所宗教大學畢業的，他的阿拉伯語並不太好。我任禮賓司科長時，他曾為老總統蔣公口譯，結果訪賓甚不滿意。經常，應訪賓之請，雙方改用英文交談。

定公使曾是我的直屬長官，雖然我已作過大使回部任司長，有阿拉伯國家外賓來訪，我不便要他傳譯。司中一位剛從中東修習阿拉伯語文回來的林進忠科員，我發現：他不但作事用功，阿拉伯語文程度也不錯。我大膽的要他任翻譯，而每一次他都能勝任愉快。

他非常敬業。對自己分內的工作，都能勝任。每次開司務會議，他的準備工作一定作到十足。

我認為他前途無量。

我對他說：「現在國際環境，無論你阿拉伯文如何好，不要把自己侷限住。你要在英文上多加努力。我不會要你加夜班。你每天下班後去補習英文、你阿拉伯語文好，英語若能達到一定程度，將來前途無量。」

此外，他還精於桌球，部中桌球比賽，他定然取得冠軍寶座。每週一三五早晨，上班之前，我們在地下室桌球場打半小時桌球，而後沖涼、上班。

不久，我們都外放。我到泰王國任代表，他去中東。

我退職時，他也作了司長。然後駐約旦、駐沙烏地阿拉伯等國代表。

他退休後，我住在淡水紅樹林尚海社區。我們亞西司老弟兄們聚會之時，他打乒乓球，依舊生龍活虎。社區有卡拉ＯＫ，輪到他唱歌時，我才發現：他唱閩南語歌曲，幾乎逼近葉起田，不但音色好，抑揚頓挫，中規中矩。而且能充滿感情。原來，他做事便是十分細心。像打乒乓，如何發球，如何削球，每一動作，他都是多方比擬，務使盡善盡美。

他也愛下象棋。有名的象棋譜：橘中秘、梅花譜、仙人指路等棋譜，他都研讀過。他是：不管任何事，不做則已，要作，一定求精。

有一天，他拿了一幅油畫來送給我。我乍看之下，還認為是俄國某名家的作品。不管是構圖、設色、筆觸，絕不輸於名家。卻原來是他的「業餘消遣之作」。

我誇讚了他幾句。但他只說：「粗糙。粗糙。終究難登大雅之堂！」

他一直以謙虛，平和之心，處世待人。甚獲得同仁們的欣賞。

他應該也有七十了。他們兩口子，一個兒子，退休後過著非常幸福的生活。

三、是非分明的邱久炎總領事

民國七十五年，我由駐約旦代表調部任亞西司司長，往見部長朱撫松先生。部長對我說：「我們部中最缺阿拉伯語文人才，想辦法引進一些。」我唯唯稱是。

剛好，高考同年賈德麟君，時任經濟部駐約旦大使館經濟參事，他介紹剛從約旦進修阿拉伯文的邱久炎兄來見我，於是，我雖毛當令箭，把他向人事處推荐。邱兄乃得進司任委任科員。他是政大東語系（阿拉伯語）畢業，作事非常認真、努力。翌年，他參加外交官領事官特考及格，順利地成為荐任科員。

當科員的時候，我發現他：勤快、負責。每次陪同訪賓訪問各地，都能安排妥當。但他有脾氣。看不慣的事，或長官不當的指正，他會反對，反抗。我當時對他的評語是：為人正直，脾氣硬，不會出錯，升遷不易。

果然，他在駐沙烏地大使館任三等秘書時，公使的話重了些，他立即反抗。鬧得不甚愉快。

我在泰國任代表時，代表處的經費，數目蠻大。我特地向部方請求派他到總務組任一秘，不久參事組長李梅章調走，我讓他代理組長，嚴控出入。我請求部方真除他為組長，但未獲部方同意。其時，我到台投資國人激增，他們亟需中、英、泰三語人員，若干不肖者便想到我們的雇員，用重金挖角。那年，泰國政府官員加薪百分之三十。我為了要保住我們熟練的僱員不被挖走，決定也給他們加薪百分之二十。如此一來，原先經費百分之四十為僱員薪，百分之六十為公費，僱員薪水調整之後，公費反而變成只有全部公費的百分之四十了。那年部中調整外館經費，主管次長由金樹基換了房金炎，竟對我們代表處一文不加。我們會計吳錦秀小姐原自會計處調來，她覺得十分不平，要去信向會計處抗議。我說：「不要，我們省省的用，還可應付。萬一不足，小貼一點，我還可以。實在貼不起，我還可辭職呢！」

在代組長邱久炎兄嚴控、會計吳錦秀小姐、出納蘇黎明小姐、和庶務員張育生兄精打細算的情況下，只有每年十月三十一日我們舉辦「代表杯」我大概貼個兩千美元左右外，平時都能打平。

結果，我們僱員被挖走的只兩人。其中一人，兩月後後悔，要回代表處，我不同意。另一人被虹邦建設挖走。我使了點手段，把這位小姐轉介紹到一位華裔泰商的大公司去領更高的薪水去了。

民國八十三年，我總統李登輝先生率團訪泰。臨時，我們代表處安排上國會議長午宴和會晤泰王。為我們傳話跑腿的泰華留台政大同學會理事長劉威猜，副代表和久炎兄答應給他一筆錢。他們向我報告。我說：「當然。」他們二人說：「報銷，我們兩人會在報銷單上簽字。」

李總統走後，我把威猜找到代表處久炎兄的辦公室，當著副代表跟久炎的面，我送了兩千美元現鈔給威猜，外加兩箱黑標約翰走路。威猜表示十分感謝，收了。

久炎兄要威猜簽個收據。我說：「收據就不必了。這是我跟文龍兄（威猜華名「文龍」）的私交。」

其實，我知道文龍沒有了太太，一兒一女尚小。他大學畢業後全靠替國會議員跑腿過日子。平常過年過節，我都有打點。所以，我跟總統一行在普吉島，傳來次日國務院長川呂沛的午宴取消了，我立即電話在曼谷的副代表趙傳宗兄找威猜安排。由國會議長午宴，是我事先和議長都說好了的。所以，威猜只不過是傳個話而已。

總統二月十六日離曼谷返台。十八日，我得部令，升駐約旦任特任代表。隨即安排交接，赴約旦就職。

久炎兄最後一任為駐吉達辦事處處長。

孔子說：「巧言令色，鮮矣仁。」久炎兄最不會巧言，更不會令色。在同仁中，他是我最欣賞的一型人物。

四、報恩主義者范文成大使

心儀民初報人張季鸞的報恩主義，在文成兄七十五年的人生中，因為感恩，所以過得很幸福。

人子對父母的感恩是孝。對君是忠，對友是信。因為有感恩思想的存在，一切事物都顯得美好。

文成兄是宋代大臣范文正公的第三十三代裔孫，民國三十三年出生於新竹縣關西鎮，家中十分貧窮。其時尚是日據時代。祖父父親都是佃農。三十四年光復。接著，政府於三十八年播遷來台，先實行三七五減租，范家乃能喘一口氣。接著，政府又實施耕者有其田政策，范家乃搖身一變，成了自耕農。但只有三分地，九百坪左右。由於自己的田，收入全歸自家，范家父子乃能稍有餘裕，又添了兩分地，約六百餘坪，種柑橘，收入更為豐裕。父親到關西鎮上開了一家布舖。世代務農，祖、父都沒讀過書。為了光大門楣，文成兄乃能進入小學讀書。而由小學、中學。中學畢業後，又考上了國立政治大學，攻讀東語（阿拉伯語）系。祖、父每告誡他：「我們在日據時代，備受歧視。蔣公來到台灣，我們乃能一步一步由佃農而自耕農，自耕農而開布店，而能送你們這一代的孩子們上學。我們客家人最重飲水思源，你們將來一定要好好的報效國家！」

是以，文成選修阿拉伯語文，考取外交官領務官特考，進外交部工作。

文成兄是我任亞西司司長時由黎巴嫩進休阿拉伯文回部辦事。不久，他派到利比亞工作，和利比亞的大教長蘇布希成了好友。而且，還得到利比亞強人格達費的青睞。

三年任滿，本應調部。不知為何，他又被派到南非的史瓦濟蘭工作。史瓦濟蘭號稱非洲的瑞士，山明水秀。而且，文成兄恭、儉成性，甚得我駐史大使周彤華的倚重。才一年半，由於要借重他和利比亞的交情，借重他阿語文能力，外交部決定再把他調回利比亞。

外派一地尚未屆滿兩年，要搬到另一個地方，經濟上損失很大。當時次長關鏞先生，深明其中艱難，特地寫了一封親筆信給范文成，予以解說、嘉勉。並且為他向部長朱撫松先生陳說，撥了兩千美元補償金給文成。范文成常說：「兩千美元，在當時是一大筆錢。」他還說：「關次長那封信，我到現在還留著。」感恩之情，溢於言表。他知道我和關大使交情匪淺，還特地將信影印了一份給我。

我由駐約旦代表任滿五年請求調部。隨又接任司長。文成兄調回部，適逢亞西司一科科長出缺，一科主辦對蘇聯事務，我有意推薦通俄文的一位同仁接任，但部次長有意見。結果，我只好委屈通阿拉伯文的他繼任。其時，我向新文司司長邱進益兄要到他的科長、精通俄文的詹秀穎來司任副司長，彌補一科科長不通俄文的缺口。

兩次同事，因此，他對我一直懷感恩之心。

但我選范文成並沒選錯。從他開始，他打破了僵局，我國和蘇聯才有些交往。在他手上，竟促成了莫斯科市長應邀訪華。原被扣押在我國的蘇聯陶普斯號船員也經由協商，我方把這批人給放了，買機票讓他們經星加坡返國。又呈准行政院連戰院長批示，由外交部主導成立對蘇工作小組，各有關部會派員，定期集會。由於文成兄的好表現，部方將他升任專門委員。由荐任升簡任了。之後，他被派至駐沙烏地代表處任參事，時為民國七十八年。

民國八十三年，我派駐利比亞的代表，到任不及一年，因處事不當，被利比亞政府列為「不受歡迎人物」（Persona non Grata）而回國。我再派人，利方都不給予簽證。部方想到兩度在利比亞任事的文成兄。文成兄利用關係，終於獲得簽證，到了利國，他不但重獲駐在國對我方的信任，而且還曾促成我茶葉銷利。開始時二百餘噸，旋增至三千餘噸。至今有增無減。

民國八十六年文成兄光榮退休。二〇〇四年（民國九十三年），高雄利豐漁業公司三艘魚船遭到利當局扣押，包括船員八十三人。利比亞要沒收漁船，船員每人罰三千利鎊。公司無力負擔。其時，我在利已無辦事處，不得不再勞動文成兄專程去利一行，經他大力交涉，事情才得全部解決。人、船平安釋回。

退休後，他住北市忠孝東路四段，靠近國父紀念館。我住敦化南路一段，出門左轉就是忠孝東路。每次他由家鄉關西回台北，他總會兩手提兩袋他們家農場所產的柑橘來看我。或是關西的客家土產，以表示對老長官愛護的一點感恩。直到民國一〇八年初，他住院三日而仙去。

他是我最難忘的同仁之一。樸實無華，只作事，不吹噓。寫到此，我心疼難忍，不覺淚下沾襟了！

五、捨己救人的總領事張萬陸

都說：「人不為己，天誅地滅！」但，有漢奸，也有忠臣。有損人利己的小人，也有捨己救人的仁人。萬陸兄便是捨己救人的仁人，是我最佩服的同仁。

那一年，他在中鼎公司駐中東某國工作。新到差的工程師，年輕氣盛，自認在國內駕車技術一流。他剛到任不幾天，尚未取得當地駕駛執照，竟開車上路。卻不幸撞傷一名當地人。依照當地法律，無照駕車撞傷人是要判死刑的。為了救這位同仁，持有當地駕照的萬陸兄挺身代受過。經公司賠償了一大筆錢了事。

因為先在中鼎，而後才考進外交部，起步較晚。我任駐約旦特任代表之時，他是代表處的三秘。他之上，有一位資深的參事。我讓那位參事任領務、僑務和學務（管到約旦學阿拉伯文的學生。）一般參事工作，我卻交給萬陸兄處理。每次我晉見約旦王儲，一定帶他一起。而交付給他的工作，他都能勝任愉快。

記得有一次，十位外交記者由黃貞貞女士領隊訪約，我請萬陸兄安排，他安排的節目包括：（一）晉見王儲。（二）晉見首相。（三）晉見新聞部長。（四）由軍方協借一架直升機供記者們由古蹟。（五）在阿卡巴港坐國王的遊艇遊港。（六）七位記者搭約旦航空公司班機由安曼飛曼谷，再轉華航返台。約航副總經理於代表宴會上同意將七人之約航機位由經濟艙提升為頭等艙。由此可見萬陸兄辦事的能力。

他最後任駐阿酋聯總領事，屆齡退休。

六、精明能幹的張紹民少將

我在外交崗位上工作了四十年，在外館二十八年。每見到其他單位派到館中工作的同仁，能力、學識、語言都是一流程度的同仁，恨不得把他們弄到外交部工作。紹民兄便是其中的一位。

我在泰國工作時，同仁中有海軍少將張紹民，一位陸軍少將某甲。紹民兄不但能力強，反應快，而且謙恭有加。每次我宴請泰方四星或三星上將，我喜歡將他列入陪客名單中。他都能勝任愉快。

那一年，紹民兄才六十歲，因為沒升上中將，眼看要退役了。我費盡九牛二虎之力，把他轉到外交部工作。我請他負責泰北難民營和泰王山地計畫農業技術團等工作。他非常盡職，作得很好，遊刃有餘。

他多工作了五年，六十五歲才屆齡退休。

七、孫晴飛和吳鎮台

我在約旦任代表時，約旦是小館，全部人員才七人。其中四位是外交部派的，包括我在內。三位是其他單位派的。但當有大案件時，我們七人一條心，大家通力合作。像總統李登輝率四十人團來訪，我們分頭辦事，把訪團安排住到王宮中，一應節目，事先事後，官方、軍方，尤其是王宮，就我們七人，通力合作，圓滿成功。

孫晴飛上校，主要和約安全單位合作，並洽得王室侍衛隊維護我總統暨夫人的安全。吳鎮台上校，是國防部所派武官，我們一心一意想安排約王次子為總統侍衛長。但王子只是一個中校，約方認為階級太低由胡笙國王核定前空軍司令修頓中將為榮譽侍衛長。可說是給足了面子。

晴飛兄高高個子，陸軍官校畢業。且略通阿拉伯語。他不但機智，口才好，反應快，而且很有幽默感。我常認為：他若擔任電視綜藝節目主持人，一定能和張菲、胡瓜們這些大師不相上下。

吳鎮台武官和晴飛兄一樣，他們都是高挑身材，顏值高。無論什麼大場面，賞，敬佩。而他們敬業、負責、樂群的態度，我們都非常欣賞，敬佩。

八、徐大衛和賴惟恭

我駐外館處主管，常遇到一個問題：統一指揮。我任駐泰代表之前，向當時經合會主任曾任外交部次長駐美代表的錢君復博士討教。他送給我一句話：「以服務代替領導。」這句話還真管用。例如：我國防部長孫震兄訪泰，武官要我安排他晉謁泰王。我替他安排上了。這就是服務。

我在駐約旦代表時，我們全處才七人。我把館員們看成朋友，大家相處得像一家人，合作無間。

當時，經濟部派在約旦的經濟參事，先是徐大衛兄。精明強幹，任勞任怨。終日笑臉迎人，親和力特強。他調回經濟部辦事，曾任部長秘書、國貿局副局長等要職。繼任賴惟恭兄，誠謹有加，處中有大事，他和其他單位派駐人員一樣，全心全意投入，從無怨言。若是七人同時加班，賴大嫂有名的台灣炒米粉，送來給我們消夜。

退休之後，我們當時在約旦的同仁們還經常集會。大家提起「想當年」，依舊覺得溫暖、平和，懷念不已。

陸、我遇到的幾個恐怖場面

一、巴蘇托蘭歷險記

民國五十三年，我在駐南斐約翰尼斯堡總領事館任副領事。外交部訓令總領事館與即將獨立的英屬南非三邦——巴蘇托蘭、貝川納蘭和史瓦濟蘭——連絡，俾便他們獨立之後，能和我們建交。

總領事陳以源先生責成我任其事。我找來南斐星期時報記者沙芳吞君，介紹給陳公。經由沙君介紹，我們先認識了巴蘇托蘭的查爾斯・莫拉坡（獨立後任外交部長）和乃特特酋長。再經他們介紹，和其他二地的政治人物也連絡上。

當時，巴蘇托蘭有由左派莫克赫勒領導的半自治政府。他們不可能和我們合作。莫拉坡則屬於反對的國民黨。我們和國民黨人往來，因為：我們深信：南斐政府極端反共，不會容許莫克赫勒的黨得勢。一定會協助國民黨取得政權。

有一天，沙芳吞要去馬色路——巴蘇托蘭的首府，問我要不要同去，他路上好有個伴。我正好有事要找莫拉坡，我答應他同去。由他開他的豐田，午飯後上路。

誰知，我們傍晚到達居停地藍氏小館（Lancer's Inn）停車場，才停好車，四個大黑人把沙芳吞架走了。

還好，他們沒有理我。可他們的蠻橫舉動，也讓我捏了一把冷汗。

我住進旅館，洗完澡，到餐廳吃飯。叫了一杯啤酒壓驚。

剛吃完飯，沙芳吞衣衫不整，回來了。他一個勁兒催我：「趕快，我們回約堡。」

我那敢怠慢，趕快收拾，付完帳，兩人開車上路。

在車上，他告訴我：莫克赫勒的黨徒看錯了人，認為他是寫文章詆毀他們的一位記者。他用南斐語和他們解釋，拿出護照給他們看，才被施放。可也挨了幾拳。

誰知我們坐上車，車也被動了手腳。有時，車跑得很好。有時，突然跑不動。本來四個鐘頭一定可以開到的路程，我們八點多動身，一直開到第二天清晨四點多才到達。

從那時起，我每次單槍匹馬開車去馬色路，我一定帶枝手槍自衛。手槍是向僑聲報總編輯廖綱魯君借的。

尚幸，再也沒出事。而國民黨果然於一九六五年大選中大獲全勝，成立了新政府。

二、被許多五零機槍瞄著

民國六十八年六月，我時任駐尼加拉瓜大使館參事。

五月裡，叛黨桑定陣線已顯出要發動全面戰爭的跡象。我報告大使，宜早應變。大使薛人仰信任一等秘書張健明等的判斷，認為不可能。

六月初，內戰爆發，首都展開巷戰。

我和荐任主事韋鶴年住在一起。鄰居是總統蘇莫沙的母親所居。那天早上七點多鐘，叛軍攻打蘇家。國民軍背屋立陣，予以反擊。一時槍聲、機槍聲大作。大概僵持了一個鐘頭。叛軍退去。國民兵也撤走了。我們的住屋外牆已是千瘡百孔受到池魚之殃。蘇老夫人早已溜去美國稍息了。

忽然，在台灣作過神父的龍神父來訪。他能操一口正宗中國國語，而且還俗，討了一房台灣太太。他知道我們買不到食物，給我們送來一大塊牛肉。大概有十公斤左右。

龍神父剛走，農技團來電話，說是團員們沒有東西吃。我曾在五月就建議大使，就外交部寄來的三千美金應變費，買一些米、麵、罐頭、食物、食水等，以備應急。但大使不聽。我和韋鶴年卻買了好一些食物。當即把牛肉分出一大半，和一些食物，由韋鶴年開車，我把一件白汗衫綁在一根棍子上，坐在副駕駛位置上，撐出窗外，開車去農技團。

一路上有好幾處都有死屍，經潑上汽油，在燃燒。街兩旁屋簷下有持槍的國民兵，把槍口對準我們。只要有一點動靜，我們便可能被轟成蜜蜂窩。

尚幸一路有驚無險，我們把食物牛肉交給團長陳榮輝兄。又安然回到家中。

這時，大使又來電話，他得知我們為農技團送了牛肉，要我們再去大使館接出被困在辦公室的主事李漢文和百餘本電碼、電表。因為：他電話住在大使館旁的一秘丁珂，丁珂不肯冒險。電話武官，武官也以巷戰中，槍子無眼，太過危險，不肯前往。

我是參事，鶴年是荐任主事，李漢文是委任主事。難道我們兩人的命比不上一個委任主事值錢？

韋兄情報局出身，多次出生入死，膽子大。我也不肯後人，為了救人，乃是義舉，於是我們照樣開車去大使館。

大使館所在地是叛軍盤據之地。街道兩面架著五零機槍，叛軍手上都是M－型衝鋒槍，槍口對著我們車轉，令人頭皮發麻。

到了大使館門口，居然有些暴民想衝進大使館找食物。

我對他們幾個領頭的人說：我馬上開門，不必擠，你們幾位隨我進去看。若有食物，全是你們的。只是：我們大使館只有一個小冰箱，裡面可能有半瓶沖茶用的牛奶，可什麼食物也沒有。」

我打開門，他們向裡望了望，掉頭走了。

我們終於把李主事和電本接到了住處。

記得帝汶戰爭時，我領事館電表丟失，外交部得把所有駐外館的碼本表本銷燬，另製全套碼、表頒發各館應用所費甚巨。館長因在戰亂中受了槍傷，是以外交部從輕發落，只記了他一個大過。（他後來任駐沙烏地大使館參事，姓黃。）

可見電碼、表本是如何重要。

尼加拉瓜內戰結束，桑定陣線成立了新政府。我大使薛人仰帶領全班人馬由瓜地馬拉回到馬拉瓜。館中如丁珂等，都有記功。我平調宏都拉斯，韋鶴年平調哥斯達黎加。還好，我們總算還沒被記過！

三、波札那翻車記

從南斐邊界到貝川納蘭的京城嘉柏隆恩（Gaberone）有一段八十九公里的土路。我每次由約堡去貝京，最恨經過此段沒鋪柏油的路面。塵土飛揚，路面不平。若逢雨天，更是泥漿四濺。

民國五十六年，有一天，我陪農技考察團由約堡去貝京——現已是獨立後的波札那京城——我們一行六人，分坐二車。第一車是館車。司機艾德華開。第二車是總領事羅明元租來的福特。考察團長黃啟杜教授和水土保持專家劉青波、黃教授的助教蘇先生坐第一部車。農業專家唐民、我駐獅子山農耕隊長楊健華坐由我開的第二部車。

在距波京大約七公里處，我開的福特，腳剎車突然沒有作用，方向盤也不聽使喚。尚幸車子正在爬山，將右轉時，車頭衝向右邊。天幸，我急鬆開油門，拉手剎車，汽車碰到一棵樹，車向右翻了。好在我車子開得很慢，車雖翻，三個人，只有我的手胸受了輕傷。唐民是個六十左右的老頭。他繫了安全帶。而且南斐是右側開車，我壓在下面，他懸在上面。他第一個從左側車門爬出。隨後楊隊長也爬出。我最後爬出，驚魂未定。坐在路旁一塊大石上，腦子一片空白。呆在那裡。

隨後，艾德華的車也開到了，經決定，艾德華把黃團長、唐民、劉青波和我先送到總統官邸。

卡瑪總統夫人是護理師出身。她見到我手臉出血，拿出急救箱，為我包紮。隨後楊、蘇二人也到達。隨即展開會談。結果圓滿。

第二天，我趁Air Botswang的兩頭小飛機回約堡，其餘團員留下來考察。早上九點多，飛機起飛。乘客只兩人。我坐在右側。

忽然，飛機右翼的引擎起火。機師立即關閉引擎，緊急迫降。我嚇了個半死。真是禍不單行。倒霉到極點！

還好，飛機平安降落了。

而後，公司換一架單引擎飛機。機上乘員只我一人。

還好一路無事，安全抵達約堡楊士麥機場。

但這一次的車、機都發生事故，雖然平安度過，卻令我畢生難忘。

我在約堡一任待了六年。拼命出錢出力，從無到有，和英屬三邦建立關係，爭取他們獨立慶典的邀請我國派特使參加函，甚至先擬定建交公報，經對方政府首長核定後，慶典次日由我特使晉見對方政府總理時簽署，差一點命喪波札那。待我調回部中，才發現所有功勞都是某次長的，我差一點連科長都沒升上。但、事情辦了，心安理得。看「薛仁貴征東」一書中，仁貴的功勞都被「狗婿何宗憲」冒去了。原來古今都是如此！只覺好笑，不覺好氣了。

柒、君子貞而不諒——結語

或謂：寬容誠屬美德，但若有人，不知羞恥，得寸進尺，則當如何？此一疑問，甚有見地。但孔夫子乃聖人，他所說的話，所持的論點，千古以來，還沒有人能予以否定，即以容忍來說，他早已顧及到得寸進尺的人。所以，為彌補寬容的缺陷，消極的，他說：「赦小過。」尤其是無心之失，當然可以寬容。又說：「君子貞而不諒。」何謂「貞而不諒」？君子當然守貞、守信。但為了大業，他便可以不拘小節。

我們先舉兩個歷史上的例子：

漢武帝年紀大了，自覺來日無多。所以，他想到要立太子。但他心目中所屬意的人選，年紀尚幼，而其母則正當壯年。因此他借點小事，把那位女士給殺了頭。

左右都覺得皇帝老子太過份了，好端端的便處死了一個妃子。

而後，太子立了，但後宮更有閒言閒語。

武帝把太監、宮娥的頭領找來，對他們說：「我這樣作法，實在不得已。我不久走了，母壯子幼，而權又大，會惹出多少事故來！歷史上有明證。我只好狠下心來，先除禍根！」

這事先下手為強，防範未來。

再說另一個漢朝的故事：

王莽篡漢，派使者以安車重禮迎接薛方出仕。薛方是一位有德有識的高士，當然不肯為叛臣效命。他向使者說：「堯、舜聖人在位之時，尚有許由、巢父等高人隱居不仕。現今明主在上，方隆唐、虞之德。小臣願效巢、由，守箕山之節。」

王莽當然不是明主，更不是隆唐、虞之德的人，薛方這些謊話，旨在「避難」。結果，王莽真的饒過了他。

這是以消極的謊言免禍。

其實，歷史上「君子貞而不諒」的事實甚多，此處不再贅言了。

忠、恕當然是君子之正道。但為了更高的目標，免去災難和後遺症，孔子於是提出了「貞而不諒」的話。至於要如何不諒，進退的分寸，便要靠君子自己去拿捏了？

Do人物77　PC0893

愛與寬容：

從流亡學生到外交特任官

作　　者／劉　瑛
責任編輯／杜國維
圖文排版／周妤靜
封面設計／王嵩賀

出版策劃／獨立作家
發 行 人／宋政坤
法律顧問／毛國樑　律師
製作發行／秀威資訊科技股份有限公司
地址：114 台北市內湖區瑞光路76巷65號1樓
電話：+886-2-2796-3638　傳真：+886-2-2796-1377
服務信箱：service@showwe.com.tw
展售門市／國家書店【松江門市】
地址：104 台北市中山區松江路209號1樓
電話：+886-2-2518-0207　傳真：+886-2-2518-0778
網路訂購／秀威網路書店：https://store.showwe.tw
國家網路書店：https://www.govbooks.com.tw

出版日期／2020年1月　BOD一版　**定價**／260元

獨立作家
Independent Author
寫自己的故事，唱自己的歌

愛與寬容：從流亡學生到外交特任官 / 劉瑛著.
-- 一版. -- 臺北市：獨立作家, 2020.01
面；　公分. -- (Do人物；77)
BOD版
ISBN 978-986-97800-5-6(平裝)

1.劉瑛 2.外交人員 3.回憶錄

783.3886　　　　　　108022106

國家圖書館出版品預行編目

讀者回函卡

感謝您購買本書，為提升服務品質，請填妥以下資料，將讀者回函卡直接寄回或傳真本公司，收到您的寶貴意見後，我們會收藏記錄及檢討，謝謝！

如您需要了解本公司最新出版書目、購書優惠或企劃活動，歡迎您上網查詢或下載相關資料：http:// www.showwe.com.tw

您購買的書名：________________________________

出生日期：__________年__________月__________日

學歷：□高中（含）以下　□大專　□研究所（含）以上

職業：□製造業　□金融業　□資訊業　□軍警　□傳播業　□自由業

□服務業　□公務員　□教職　□學生　□家管　□其它_____

購書地點：□網路書店　□實體書店　□書展　□郵購　□贈閱　□其他

您從何得知本書的消息？

□網路書店　□實體書店　□網路搜尋　□電子報　□書訊　□雜誌

□傳播媒體　□親友推薦　□網站推薦　□部落格　□其他__________

您對本書的評價：（請填代號　1.非常滿意　2.滿意　3.尚可　4.再改進）

封面設計____　版面編排____　內容____　文／譯筆____　價格____

讀完書後您覺得：

□很有收穫　□有收穫　□收穫不多　□沒收穫

對我們的建議：________________________________

請貼
郵票

11466
台北市內湖區瑞光路 76 巷 65 號 1 樓
獨立作家讀者服務部 收

(請沿線對折寄回，謝謝！)

姓　　名：＿＿＿＿＿＿＿＿＿＿ 年齡：＿＿＿＿ 性別：□女 □男

郵遞區號：□□□□□

地　　址：＿＿＿＿＿＿＿＿＿＿＿＿＿＿＿＿＿＿＿＿

聯絡電話：(日)＿＿＿＿＿＿＿＿＿＿ (夜)＿＿＿＿＿＿＿＿＿＿

E-mail：＿＿＿＿＿＿＿＿＿＿＿＿＿＿＿＿＿＿＿＿